영업, 전략으로
혁신하라

지속적으로 성과를
창출해 낼 수 있는
영업 관리 매뉴얼!

영업, 전략으로 혁신하라

지속적으로 성과를
창출해 낼 수 있는
영업 관리 매뉴얼!

김상범·이태헌·김종필 지음

전략이 분명하지 않으면 영업 조직은 물론이거니와 영업 담당자도 오합지졸이 되고 만다.

축구시합에서 선수들이 자신의 포지션을 모르거나 골을 넣어야 할 골대의 방향을 모른다고 한 번

상상해 보라. 정말 끔찍하지 않겠는가? 전체 영업 조직의 영업력과 경쟁력을 변화시키려면 전략을

제대로 세우고, 그것을 관리자들이 제대로 이해하며, 구성원들과 커뮤니케이션을 하는 방법 밖에 없다.

호이테북스
today

혁신의 장애물

PART 1

Chapter 1

전략 따로 영업 현장 따로

무한 경쟁 속에서 각 기업의 영업 전략은 다양해지고 있다. 어떤 상황에서든 성장해야 하기 때문이다. 기업의 평가는 전략을 성과로 만들어 내는 실행력에서 차이가 난다. 그러므로 기업의 관리자들은 조직의 나아갈 방향에 대해 분명한 비전을 제시하고 이를 실현하기 위한 성공적인 전략을 실행하도록 노력해야 한다. 그러나 우리는 전략이 제대로 실행되지 않아 실패하는 경우를 많이 접한다. 많은 관리자들이 허술한 전략으로 인해 비난을 받아왔고, 결국 대부분은 자신의 자리에서 물러나기도 한다. 사실 진짜 문제는 전략 때문만은 아니다.

아무리 훌륭한 전략이 있더라도 현장에서 일어나는 일을 알지 못하면 실패할 수밖에 없다. 전략을 성공적으로 실행하는 데 필요한 가장 중요한 열쇠는 전략과 영업을 한 방향으로 균형 있게 일치시키는 것이다. 즉, 어떻게 물건을 파는지와 달성하고자 하는 목표가 같은 선상에서 서로 연결되어야 한다. 그렇다면 영업 관리자들은 성공적인 전략 실행을 위해 무엇을 해야 할까?

첫째, 상시적으로 외부 환경을 파악하고 그것이 영업에 미칠 영향을 분석해야 한다. 모든 가치는 회의실이 아닌 시장에서 결정된다. 시장의 흐름과 변화, 고객의 이슈 등을 면밀히 들여다보고 그에 따른 파장을 세심히 살펴야 한다.

둘째, 분석한 외부 환경을 바탕으로 영업 방식을 정해야 한다. 고객에게 가치를 전달하고 성과를 내기 위해 무엇을 어떻게 하고 있는가를 물었을 때 제대로 답하는 기업들이 거의 없다. 무조건 영업 담당자들에게 부딪쳐서 성과를 올리라고만 한다. 그런 방식으로는 아무것도 이룰 수 없다. 자사의 전략에 부합하는 특별한 방식을 알려주어야 한다. '전략의 힘은 여러 분야에서 어느 정도 잘하는 것보다 경쟁사가 따라 할 수 없는 어느 한 가지를 뛰어나게 잘하는 것'이라는 말을 명심해야 한다. 나만의 강점을 살려야 한다.

셋째, 영업팀이 목표를 달성할 수 있도록 역량을 끌어올려야 한다.

그러기 위해서는 능력을 갖춘 사원을 채용하여 적절하고 충분한 트레이닝을 받게 해야 한다.

업무 방향도 확실히 해두어야 한다. 그래야 실행이 빨라져 더 많은 수익을 거둘 수 있다. 지속적인 커뮤니케이션으로 영업 담당자들의 업무 태도를 개선하는 일에도 소홀함이 없어야 한다.

넷째, 전략과 영업을 한 방향으로 이끄는 리더십을 발휘해야 한다. 영업 관리자가 전략을 수행하는 영업 담당자들과 함께 현장에 나가 정보를 수집하고 끊임없이 소통해야 한다. 영업 담당자들과 대화를 나누어 필요한 부분을 지원하고, 고객들과도 만나 제품에 대한 평가를 들어야 한다. 고위 영업 관리자들이 고객을 만난 지 오래되었다면 직접 현장에 나가 고객들과 제품에 대해 이야기를 나누면서 누가 이 제품을 구매하는지, 왜 구매하는지, 또는 왜 구매하지 않는지 등 회사 제품에 대한 평가를 얻어야 한다. 이러한 현장의 리더십이 전략과 영업을 동일선상에서 한 방향으로 이끌어 가는 방법이다.

전략을 실행하는 과정에서는 고객의 생각과 시장을 이해하며 환경 변화에 대한 대응력을 키워야 한다. 책상머리는 영업의 세계를 바라보기에는 매우 위태로운 곳이라는 점을 명심하라.

성공적으로 전략을 실행하는 것은 결코 쉬운 일이 아니다. 이와 관련한 성공 사례가 흔치 않은 현실만 봐도 그것을 알 수 있다. 무엇보다 영업 관리자가 적극 나서야 한다. 경영자의 의지와 뒷받침이 중요한 것은 두말할 필요도 없다. 이를 통해 전략이 현장의 실행으로 나타나면 영업 성과는 자연스럽게 창출된다. 전략과 현장을 한 방향으로 이끌어라.

Chapter 2

목표 없이 결과 없다

M社 컨설팅 첫날 인터뷰 대상자는 영업 담당 상무였다. 그는 실석은 좋시만 신규 고객을 창출하는 깃에 대한 이려움을 몇 분 동안 토로했다. 우리는 첫 번째 질문과 함께 진단을 시작했다.

"신규 고객을 확보하기 위한 개별 목표는 무엇입니까?"

"정한 목표를 어떻게 측정하고 관리하는지 설명해 주시겠습니까?"

침묵이 흘렀다.

우리를 조용히 몇 초 동안 응시하더니, 그는 머리를 좌우로 흔들면서 자신과 팀이 신규고객을 확보하는 구체적 목표를 가지고 있지 않다는 것을 인정했다.

영업에는 언제나 '목표'와 '성과'라는 까다로운 용어가 붙어 다닌다. 하지만 탁월한 영업 담당자들은 이러한 어려움에 굴하지 않는다. 나아가 그들은 나름대로 강력한 역량을 갖추고 있다. 그렇다면 탁월한 영업 조직은 어떻게 만들어질까? 탁월한 영업 담당자가 많아서일까? 영업 관리자의 질타가 두렵기 때문일까? 성과급 비중이 높기 때문일까?

그렇지 않다. 영업력이 강한 조직에는 명확한 영업 전략이 있고, 전략을 실현시키는 현장 차원의 확실한 영업 계획이 있으며, 팀과 개인에게 목표 관리가 확실히 뿌리내리고 있다.

I社는 지속적으로 성장하고 있는 응용 소프트웨어 개발 및 공급 기업이다. 근성론(根性論)에 바탕을 둔 영업이 아니라 과학적인 영업을 펼침으로써 영업력이 강하다는 평가를 받고 있다. I社는 시장 분석, 영업 전략, 영업 계획, 목표 관리, 인사, 조직 관리 시스템이라는 일련의 영업요소를 한 방향으로 균형 있게 운영한다.

지금까지 많은 기업들은 전략이 없었을 뿐 아니라 전년 대비 영업 계획만 가지고 있었다. 게다가 '영업 계획을 구체화한 목표 관리'가 애매하거나 단순한 의지목표에 불과했다. 많은 영업 관리자들과 담당자들은 목표를 세워봤자 나만 손해라고 생각한다.

영업 계획이란 본래 전략을 실천하는 방법이자 역할을 분담하는 방법이다. 전략의 효과가 더욱더 구체적으로 계획되지 않으면 조직은 뿔뿔이 흩어질 수밖에 없다. 목표 관리 제도에서는 영업 계획을 회사 전체와 각 부문 및 팀에서부터 개인에 이르기까지 구체화해야 한다. 정확한 체계를 만들어 놓지 않으면 저마다 다른 방식으로 활동하게 된다. 즉, 영업 전략 → 영업 계획 → 목표 관리라는 분류는 영업 최고책임자 → 중간관리자 → 영업 담당, 전사 → 사업부 → 팀 → 개인이라는 양자의 연관성을 구조화한 것이다.

조직도 제각각, 팀도 제각각, 개인도 제각각이 아니라 전략에서부터 개인까지 한 방향 정렬이 포인트다. I社는 이 점을 인식하고 반기(半期)마다 회사 전체 차원에서 통합된 형태로 전략과 계획을 수정하고 목표를 수정하고 평가한다. I社는 이러한 일련의 영업 전략, 영업 계획, 목표를 통합한 영업 목표 관리 플랫폼, 즉 'PI(Procrss Innovation : 프로세스 이노베이션)'라 부르는 영업 경영 도구가 기업문화의 핵심을 이루고 있다.

영업 전략이란 목표 달성을 위한 명확한 영업상의 특징을 말한다. 그리고 그 전략을 현장에 적용하려면 '영업 계획과 목표 관리'가 절대적으로 필요하다. I社는 영업 계획과 목표 관리의 효과를 높이기 위해 '전략에 바탕을 둔 계획 수립', '전사, 부문, 팀, 개인의 목표 관리를 재검토한 예산 수정', '수주율의 정량화와 1일 방문 건수의 체계화', '계약을 성사시키기 위한 영업 활동', '연/월간 스케줄의 표준화'라는 5가지 범주를 항상 염두에 두고 있다.

기업의 활력은 영업에서 나온다. 강한 영업이 강한 조직과 강한 기업을 만든다. 말로만 하는 영업 전략, 목표 관리로는 살아남기 어렵다. 당신의 조직은 영업 부문과 팀의 목표가 분명한가? 목표를 달성하는 데 필요한 역량을 갖추고 있는가? 특정 목표에 대한 진행 상황을 모니터링하기 위해 어떤 프로세스가 준비되어 있는가? 조직 내에서 성과 중심의 문화를 어떻게 만들어가고 있는가?

Chapter 3

손에 잡히지 않는 CRM

지난 10년간 CRM(고객관계관리) 시스템보다 더 유비쿼터스한 영업 관리 도구도 없었을 것이다. CRM은 회사 규모나 역사에 따라 다양한 형태와 규모로 운영된다.

몇 년 전 우리는 지금은 파산한 국내 최대의 운송회사인 H社 영업 총괄 임원인 K전무를 만났다. H社는 어떤 시장을 추구할 것인지, 어떻게 추구할 것인지에 대한 명확성이 결여되어 있었다. 영업 담당자들도 의욕이 없어 보였고, 관리자 또한 일관성이 없어 보였다. K전무는 영업 자동화를 위해 CRM 시스템을 구축한 것을 흥분된 어조로 자랑했다.

전문용어를 써가며 이 시스템이 영업 활동 전반에 걸친 문제점에 대한 해결책이 될 것이라고 했다. 우리는 겸손하게 좋은 결과가 있기를 바란다고 했다. 우리는 K전무에게 CRM과 관련해 하고 싶은 말이 많이 있었지만 꾹 참았다.

영업 관리상에서 발생하는 많은 문제점들의 근본 원인을 해결하지 않고 CRM을 도입하는 것은 마치 부부가 결혼관계를 유지하기 위해 아이를 갖기로 결정하는 것과 유사하다. CRM은 훌륭한 도구일 수 있지만 시스템 자체가 치유력을 가지고 있지는 않다. 예를 들면 갑자기 신규 거래처를 발굴해 준다든지, 기존 고객의 구매 금액을 늘려주지도 않는다.

CRM 시스템은 영업 관리자와 영업 담당자들에게 많은 이점을 가져다 줄 수 있다. 하지만 안타깝게도 시스템을 도입하고 나면 자체적으로 다양한 문제점들을 만들어 낸다. 가장 흥미로운 문제점 중 하나는 영업 관리자들이 CRM 화면에 묻혀 노예가 된다는 것이다.

CRM의 도입은 마치 영업 관리자의 관리 방식에 획기적인 기여를 한 것처럼 보인다. 영업 관리자들이 CRM 시스템 구매 결정을 합리화하기 위함인지, 많은 고객 정보와 노하우를 독점하고 있는 영향력 있는 영업 담당자의 퇴사를 두려워해서인지 정확히 알 수는 없다. 하지만 많은 경영진들이나 영업 관리자들이 영업 담당자들의 활동과 영업 기회를

CRM 시스템에 업데이트하는 데 지나치게 집착한다.

자체적으로 영업 조직에서 CRM을 활용하는 것이 꼭 잘못됐다는 것은 아니다. 실제로 반드시 필요한 기능이기도 하다. 그러나 무지한 영업 관리자의 잘못된 운영 방법으로 인해 역기능이 발생하는 것이 많은 영업 조직들의 현실이다.

새롭게 CRM을 도입한 영업 관리자들은 영업 담당자들에게 전혀 도움이 되지 않는 메시지를 보내기 시작한다. CRM에 중독되기 시작한 영업 관리자들은 지속적으로 업데이트를 요구하며 업데이트된 숫자를 통해 담당자들을 압박하기 시작한다. 많은 영업 조직의 경영자나 관리자들이 이러한 관리 방식이 영업 기회를 늘려주고 계약 성사율을 높일 수 있다고 믿는다.

우리는 영업 관리자의 CRM 중독으로 희생양이 된 K社의 영업 담당자를 만났다. 그는 "이 프로세스는 시간 낭비입니다. 그냥 예전대로 자유롭게 일하는 게 훨씬 효율적입니다, 이 문제가 계속되는 한, 더 이상 일할 사람은 없을 겁니다" 라고 말했다. 또한 "전무님이 우리 동선까지 확인하십니다. 심지어 이젠 매일 프로세스별로 입력 건수를 가지고 우리의 활동량을 감시합니다. 얼마나 불쾌한지 당해보지 않은 사람은 모릅니다"라고도 했다.

CRM을 운영한다는 것은 높은 매출만을 요구하는 것이 아니라 평소에 고객 정보와 판매 기회 정보를 시스템에 입력해야 하고, 또 프로세스에 따라 일을 진행해야 하는 것이다. 이러한 시스템을 도입하지 않더라도 높은 실적을 올릴 수 있는데 왜 오히려 더 많은 일거리만 만드느냐는 불만이 당연히 생긴다. 왜 이러한 현상이 발생할까?

첫 번째는 영업 관리자들이 CRM을 몽둥이로 착각하기 때문이다. 수많은 영업 관리자들이 이미 결과가 나온 실적에 연연해한다. 이미 실적이 나왔다면 바뀌는 것은 아무것도 없다. 실적은 현황 파악과 반성으로서의 가치는 있으나 결과일 뿐이다. 실적은 이미 끝난 게임이다. 영업 담당자들을 실적만으로 압박하고 스트레스를 주기보다는 실적이 되어가고 있는 과정에 초점을 맞추어야 승률이 올라가고 실적이 예상되며 더 나은 방법을 미리 강구할 수 있다.

중요한 것은 이 과정을 통해 영업 담당자들이 어떻게 하면 실적을 올릴 수 있을까를 배우고, 관리자와 협의하고 코칭받는 것이다. 이것이 CRM을 하는 목적이다. 그런데 실적 관리만 해온 영업 관리자들은 CRM상에 나타나는 업데이트된 데이터 자체만을 관리하는 실수를 범하고 만다.

"왜 입력 안 했어?"

"오늘 몇 군데 방문했어?"

"신규 방문 입력은 한 건도 없네요?"

당신이 자주 하거나 듣는 질문은 아닌가?

두 번째는 영업 관리자에 대한 교육 부재 때문이다. CRM을 선진화한 기업들을 보면 영업 관리자 교육에 많은 에너지를 쏟고 있음을 알수 있다. 이들을 대상으로 한 교육으로는 주로 파이프라인 관리, 판매예측 관리, 코칭 스킬, 고객 시장 분석, 수주 성공 사례 등을 들 수 있다. 이러한 교육을 하는 이유는 CRM을 운영하는 기업들의 영업 관리자들이 매일 해야 하는 일들이기 때문이다.

CRM을 효과적으로 운영해 실적을 올리기 위해서는 영업 관리자들이 코치 역할을 해야 한다. CRM을 통해 정보의 흐름을 보면서 코칭을해야 한다. 아직 매출이 끝난 것이 아니라 진행 상태를 알려주는 데이터를 통해 결과에 대한 질책보다는 미래를 준비하는 작전 회의로써 코칭을 해야 하는 것이다. 데이터를 일방적인 몽둥이로 활용하다보면 오히려 보고를 위한 보고용 데이터로 왜곡된다.

CRM은 기업이 효과적으로 영업을 관리하는 데 여러 가지 도움이 될수 있는 방법론이자 제도다. 그러나 영업 관리자들이 운영 목적과 효과적인 방법을 이해하지 못한다면 손에 잡히지 않는 시스템에 머물 수밖에 없다. 또한 늘 해오던 방식을 크게 벗어나지 못할 수도 있다. 영업관리자들에 대한 철저하고 제대로 된 교육 여부에 따라서 많은 영업 담당자들의 시간만 빼앗는 또 하나의 도구가 될 수도 있고, 생산성을 높이는 절호의 찬스가 될 수도 있다. CRM을 도입하기 전에 영업 관리자들의 이해와 역량부터 점검해야 한다. 당신이 활용하는 CRM은 영업 담당자들에게 몽둥이인가? 성과 향상을 위한 정보인가?

Chapter 4

영업 모델에 따라 다르게 관리하라

외식 프랜차이즈 가맹점 사업을 하는 L社는 영업 전문성 확보와 경쟁력 강화를 목적으로 글로벌 생명보험회사 출신인 M전무를 영업본부장으로 영입했다. M본부장은 생명보험 업계에서 인정받는 전문가였다. 영업이 힘들기로 유명한 생명보험 업계의 전문가이기에 L社 경영진들의 기대도 컸다. M전무는 6개월 동안 생명보험회사 출신 영업 담당자들을 대거 영입했다. 20여 명에 불과하던 영업 담당자를 150명으로 대폭 늘리고 대도시를 중심으로 전국을 5개 지역사업단으로 재편했다. 각 사업단별로 5명씩 팀장을 임명하여 영업 담당자들을 관리하게 했다. 마치 보험회사를 하나 설립한 것 같았다.

M전무의 전격적인 조치는 업계에서도 이슈가 되었고 프랜차이즈 시장에 지각변동을 예고하는 출사표처럼 느껴졌다. 그런데 어찌된 영문인지 신규 프랜차이즈 가맹점의 수는 시간이 지나도 좀처럼 늘지 않았다. 이 외에도 L社는 이런저런 시행착오를 반복하며 3년 동안 수백여 명의 영업 담당자들이 입사와 퇴사를 반복하는 대혼란을 겪었다. 그 후 L社는 M본부장을 비롯한 영업 담당 임원이 1년 사이에 몇 번씩 경질되었다. 그럼에도 실적은 늘지 않았고, L社는 심각한 경영위기를 맞게 되었다.

이 이야기는 외식 프랜차이즈 업계 전문가들이라면 누구나 알고 있는 전설 같은 실패 사례다. 왜 이와 같은 일이 일어났을까? 우리는 L社 경영진과 영업 관리자들, 그리고 영업 담당들과 인터뷰한 내용과 진단 결과를 종합해 보았다. 원인은 크게 2가지였다.

첫째는 M전무의 영업 관리 방식이 L社에 적합하지 않았던 것이다. 계약 금액이 적은 생명보험 영업은 대체로 영업 담당자와 의사 결정자(고객) 두 사람이 한두 차례의 대면을 통한 계약으로 이루어진다. 그에 비해 투자비가 최소 수천만 원에서 수억 원대에 이르는 프랜차이즈 영업은 전혀 다르다. 일생일대의 중대 결정을 내려야 하는 예비 창업자는 오랜 기간에 걸쳐 여러 번의 상담을 거치게 되고, 영업 담당자 한 사람이 아니라 책임자급을 포함하여 전문성 있는 담당자를 만나고 싶어 한다. 그리고 숙고 끝에 결정을 내린다.

보험 영업이 잠재고객을 많이 만나는 것이 핵심이라면 프랜차이즈 영업은 잠재고객수가 한정되어 있고 만남의 기회가 상대적으로 적기 때문에, 일단 만날 수 있는 기회가 왔을 때 성공률을 높이는 것이 핵심이다. 한마디로 번지수를 잘못 찾았던 것이다. 생명보험회사 영업에서 성공을 경험한 영업 관리자의 관리 방법은 성격과 규모가 전혀 다른 프랜차이즈 영업에서는 효과가 없었던 것이다.

둘째는 CRM의 문제였다. M전무는 생명보험회사의 CRM 시스템으로 영업 담당자들의 활동을 관리했다. 현장에서 영업 담당자들을 이끄는 관리자들도 대부분 생명보험회사 출신이었다. 생명보험회사와 같은 소형 B2C 영업은 고객과의 상담 횟수가 중요하다. 따라서 영업 담당자의 활동을 철저히 관리하는 것이 생산성을 높이는 좋은 방법이다. 실제로도 연관성이 입증된 바 있다. 그런데 이를 B2B와 같은 대형 영업에 적용하면 오히려 생산성이 줄어드는 결과가 나타난다.

L社도 마찬가지였다. M전무는 영업 프로세스를 'TA(Telephone Approach, 전화 통화) — AP(Approach, 방문 상담) — PT(Presentation, 사업 제안) — 클로징(Closing, 마무리)'의 4단계로 나누고, 단계별로 데이터 업데이트를 지나칠 정도로 강조하고 몽둥이로 삼았다. 수개월이 지나

도록 계약 건수는 늘지 않았고 오히려 줄어들었다. 활동 건수 압박에 시달린 영업 담당자들이 가망 고객을 무리하게 상대했기 때문이다. 되도록 많은 고객을 만나야 했던 영업 담당자들은 명함 받아오기 등 형식적인 상담에 치중하게 되었고, CRM상에 거짓으로 활동 보고를 하기도 했다.

결국 이것이 영업의 질 저하로 이어져 시장에서 회사에 대한 악성 루머가 돌고 실적 저하로 나타나게 된 것이다. 프랜차이즈와 같은 거래 금액이 큰 대형 영업에서는 활동의 질에 초점을 맞추어야 생산성이 올라간다. 그런데 활동의 양을 우선시하다 보니 오히려 생산성이 떨어지는 결과를 초래한 것이다.

건강식품이나 화장품 판매 등 소형 영업의 경우에는 영업 담당자들이 더 많이 뛰어다닐수록 고객과의 상담 건수가 증가하고 매출 실적도 동반 상승하게 된다. '상담 건수 = 영업 실적'이라는 공식이 소형 영업에는 분명 존재한다. 하지만 L社의 경우처럼 대형 영업에서 영업 관리자들이 '상담 건수 = 영업 실적'이라는 공식을 믿었다가는 실망스러운 결과를 보게 된다.

영업 관리자가 영업 담당자를 독려하는 것은 잘못이 아니지만, 영업 담당자들이 지나친 압박감을 느낄 정도가 되면 예상치 못한 부작용이 나타날 수 있다. L社에서도 영업 담당자들이 시간과 노력이 많이 드는 큰 거래보다 쉬운 거래에 열중하거나 편법을 동원하는 등의 비정상적인 모습이 나타났다.

대형 영업에서는 상담 건수보다 상담의 질이 훨씬 더 중요하다. '상담의 질(전략) = 영업 실적'인 것이다. 상담의 질에 대형 영업의 생산성이 달려 있으므로 만나는 고객의 수보다 철저한 사전 준비가 우선이다. 따라서 영업 관리자는 영업 담당자가 고객과 상담하기 전에 어떻게 준비하고 있는지를 점검하고 코칭해주는 역할에 집중하는 것이 중요하다. 이러한 역할에 충실했다면 그 같은 참패는 없었을 것이다.

제록스, IBM, AT&T, 코닥 등 전 세계 200개 이상의 기업에 영업 관련 리서치와 컨설팅 서비스를 제공하는 영국의 세계적인 세일즈 컨설팅 회사 허스웨이트(Huthwaite)는 1991년에 10년간 27개국에서 35,000건의 영업 상담 내용을 분석한 후 영업 활동에 영향을 미치는 요소들을 밝혀냈다. 이 가운데 가장 큰 주목을 받은 내용은 영업 규모에 따라 효과적인 영업 관리 방법이 다르다는 것이다.

영업 관리자는 영업 모델을 분석할 수 있어야 한다. 그리고 효과적인 관리 방법을 적용할 수 있어야 한다. 그렇지 않으면 열심히 일하고도 벌을 받을 수 있다. 당신의 영업은 활동량과 활동의 질 중 어떤 관리 방식이 효과적인가?

Chapter 5

영업 혁신은 위로부터

우리는 코치, 컨설턴트, 학자로서 누구보다 많은 영업 회의에 참석했다. 놀랍게도 CEO나 임원들 중 다수가 자신을 영업 전문가라고 생각한다. 하지만 다양한 주제에 대한 그들의 고압적이고 거만한 태도 때문에 영업 조직을 지속적으로 다운시키는 장면이 쉽게 연출되기도 한다. 몇몇 기업의 영업 담당 임원들은 마치 물류 관리자나 채권 관리자처럼 보이기도 한다. 주간 월간 영업 회의는 '소통과 공감의 시간'이 아니라 '소름과 공포의 시간'이 되기도 한다.

다음은 경영진부터 솔선수범해서 혁신에 성공한 사례다.

A社는 국내 시장뿐 아니라 해외 시장에서도 정평이 나 있는 대기업이다. 해외 시장 중 특히 중국 의존도가 큰 이 기업은 사드(THAAD) 여파로 매출에 심한 타격을 입었다. CEO는 답답한 마음에 임원 회의를 소집하고 이 문제의 해결 방안을 협의하고자 했다.

"중국 의존도가 큰 우리 회사가 이 시점에서 어떻게 돌파구를 찾을 수 있을까요? 격의 없이 이야기해 봅시다."

평소 격의 없는 토론에 익숙하지 않은 임원들이 CEO의 질문에 자신들의 의견을 개진하기란 쉬운 일이 아니었다. 회의 시간 내내 자신의 의견을 말하는 임원은 아무도 없었다. 기업의 소통문화가 심하게 경직되어 있다는 걸 깨달은 CEO는 이런 상태로는 4차 산업혁명 시대에 적극적으로 대처하기 어렵겠다고 판단하고, 전사 소통문화를 개선하라는 특별지시를 내렸다.

'소통문화 개선을 위한 프로젝트'를 맡게 된 C社가 프로젝트 시작에 앞서 부문별로 진단한 결과, '소통'에 대한 평가가 영업 부문이 타 부문에 비해 낮다는 사실이 확인됐다. 따라서 우선적으로 영업 부문을 대상으로 시작해서 전사적으로 적용할 수 있는 프로세스 개발이 시작됐다. 영업 부문장인 임원 12명을 무작위로 선정하여 두 개의 팀으로 나누고, 팀당 3개월씩 그룹 코칭을 진행했다.

C社 전문 코치들의 코칭이 진행되는 3개월 동안 임원들은 조직문화

개선을 위한 실행 계획을 세우고 지속적으로 소통 역량을 개선하기 위해 노력했다. 3개월 후 영업 담당 임원들의 소통 역량은 눈에 띠게 개선되었고, C社는 이 프로세스를 해당 임원들의 팀장들에게도 동일하게 적용했다. 팀장들 역시 소통 역량에 개선이 있었고 이는 영업 담당자들의 동기부여와 성과로 나타났다.

기업 교육 담당자들이나 영업 교육 담당자들과 교육 니즈에 대해 인터뷰를 하다보면, 개선해야 할 시급한 문제들의 대부분은 영업 담당자들보다는 영업 관리자들에게 있음을 어렵지 않게 파악할 수 있다. A社는 경영진부터 롤 모델이 되고자 노력했기 때문에 변화할 수 있었다.

구글은 종합경제지 《포춘》이 선정하는 미국에서 가장 일하기 좋은 직장 중 하나로 여섯 번이나 선정되었다. 대학생 2명이 세운 구글은 20년이 채 되기 전에 5만 3000명의 직원을 둔 대기업으로 성장했다. 구글의 경영진들은 직원들의 행동과 생산성을 연구하는 데 엄청난 자원을 투자한 덕분에 그런 성과를 거둔 것으로 평가받고 있다.

구글은 탁월한 성과를 내는 완벽한 팀을 구성하는 방법을 알아내기 위해 이른바 '아리스토텔레스 프로젝트'를 추진했다. 먼저 학문적 문헌을 포괄적으로 조사하는 것을 비롯해 회사 내 180개 팀의 250가지 특성을 조사하고 분석했다. 2년간 설문조사를 진행하고 통계자료 분석을 통해 수만 건의 자료를 세밀하게 검토한 결과, 한 가지 사실이 확인되었다. 그것은 팀에 '어떤 구성원이 있는가?'가 아니라 '어떻게 운영되는가?'가 더 중요하다는 것이다. 즉, 누구를 팀원으로 뽑느냐는 성공에 아무런 영향도 미치지 않는다는 것이다. 중요한 것은 누구를 뽑느냐가 아니라 어떻게 팀이 협력하는가였다.

최고의 팀에는 다음과 같은 5가지 핵심 규범이 존재한다는 사실이 발견됐다.

첫째, 구성원들은 자신에게 주어진 일이 중요하다고 굳게 믿는다.

둘째, 구성원들은 자신에게 주어진 일이 조직 전체에는 물론 팀원 개개인에게도 중요하다고 믿는다.

셋째, 팀원들에게 팀의 분명한 목표와 개개인의 명확한 역할이 주어져야 한다.

넷째, 팀원들은 서로 신뢰할 수 있어야 한다.

다섯째, 구성원들에게 심리적 안정감이 있어야 한다.

중요한 것은 이 가운데 한 가지가 다른 4가지를 가능하게 하는 근간이 된다는 것이다. 그것은 바로 다섯째, 심리적 안정감이라는 요인이다.

심리적 안정감을 조성하려면 관리자가 적절한 행동의 본보기가 되어야 한다. 구글이 설계한 체크리스트에 따르면, 관리자는 다음과 같은 사항을 점검해야 한다.

첫째, 관리자는 구성원들의 말을 도중에 끊지 않는다.

둘째, 관리자는 구성원들이 발언을 끝내면 그 내용을 요약함으로써 귀담아 듣고 있다는 사실을 입증해 보인다.

셋째, 관리자는 모르는 것을 모른다고 흔쾌히 인정한다.

넷째, 관리자는 회의에서 모든 구성원들에게 적어도 한 번 이상의 발언 기회를 준다.

다섯째, 관리자는 곤경에 빠진 구성원에게 좌절감을 털어 놓도록 독려하고, 구성원들 간에는 개인적인 비판을 삼가도록 유도한다.

여섯째, 관리자는 조직 내의 갈등을 공개적인 토론을 통해 해소한다.

C社는 A社 조직문화 개선을 위한 프로젝트에서 임원들의 소통 역량을 평가할 때 이와 같은 구글의 심리적 안정을 위한 6가지 항목을 동일하게 적용했다. 연구 결과, 어떤 환경에서나 탁월한 성과를 내는 팀원들에게 심리적 안정감을 준다는 것이 입증되었다. 이와 같은 심리적 안정감은 일반적으로 관리자의 솔선수범에서 시작된다. 영업 관리자로부터 받는 과도한 실적에 대한 압박과 심리적 불안감이 영업 성과에 도움이 될지는 다시 한 번 생각해 보아야 한다.

아래 표의 진단 항목을 통해 구성원들이 영업 관리자인 당신을 어떻게 생각하고 있는지 진단해 보라.

〈표 1-1〉 영업 관리자 소통 역량 체크리스트

문항	점수
1. 구성원들의 말을 도중에 끊지 않는다.	① ② ③ ④ ⑤ ⑥ ⑦
2. 구성원의 말을 요약함으로써 귀담아 들었다는 것을 입증한다.	① ② ③ ④ ⑤ ⑥ ⑦
3. 관리자는 모르는 것을 모른다고 흔쾌히 인정한다.	① ② ③ ④ ⑤ ⑥ ⑦
4. 관리자는 회의에서 모든 구성원에게 적어도 한 번 이상 발언의 기회를 준다.	① ② ③ ④ ⑤ ⑥ ⑦
5. 곤경에 빠진 구성원에게 좌절감을 털어 놓도록 독려하고, 구성원들에게는 개인적인 비판을 삼가도록 유도한다.	① ② ③ ④ ⑤ ⑥ ⑦
6. 조직 내의 갈등은 공개적으로 토론을 통해 해소한다.	① ② ③ ④ ⑤ ⑥ ⑦
평　균	

Chapter 6

성과 없는 세일즈 코칭!

많은 영업 조직들이 외부 강사나 코치들을 통해 다양한 방식으로 코칭 스킬 교육을 한다. 그런데 영업이나 영업 관리자 경험이 없는 코치, 코칭 경험이 없는 외부 강사나 코치들의 강의 내용을 자세히 살펴보면, 근거 없는 가정, 그리고 아예 적용할 수 없는 코칭과 리더십에 대한 그럴듯한 일반화로 이루어진 것들이 적지 않다. 물론 경청이나 질문을 통한 문제 확인, 상대의 가능성에 초점을 둔 대화 모델 등 건전한 기초 지식에 기반을 둔 좋은 내용들이긴 하다. 문제는 아무리 좋은 교육도 전략과 단절되었을 때 역효과를 낼 수 있다는 것이다.

기업에서 영업성과 향상을 목적으로 코칭을 도입했는데 엉뚱하게 부정적인 결과가 나타나는 경우가 종종 있다. 따라서 코칭을 도입하기 전에 경영진이나 HR 책임자들은 반드시 다음의 사항들을 점검해야 한다. 코칭을 통한 영업 성과 향상은 물론, 코칭의 도입 방향에 대해 그림이 보일 것이다.

성과 코칭의 성공요소를 이해하는 것이 중요하다

국내 최대의 금융 대기업인 K社 연수원장이 급히 자문을 구하고 싶다며 우리를 찾아왔다. 이야기의 핵심은 새로 부임한 CEO가 코칭에 관심이 많아 자사 영업 담당 임원들에게 코치의 역할을 강조하지만, 막상 담당 임원들은 코칭에 대해 부정적인 시각이 많다는 것이다.

또한 영업 담당 임원들이 코칭 스킬 교육을 여러 차례 받았지만 현장에 적용하는 데 한계가 있다는 것이었다. 그래서 임원 교육을 담당하는 연수원장으로서 어떻게 하면 이 문제를 효과적으로 해결할 수 있을까 자문했던 것이다. 우리는 연수원장에게 양해를 구하고 몇 가지 질문을 했다.

첫째, 영업 담당 임원들이 현장 분석을 통한 적절한 영업 전략을 수립하는가?

둘째, 수립한 영업 전략을 구성원들과 커뮤니케이션을 하고 있는가?

셋째, 영업 전략에 따라 영업 담당자의 역할이 명확하게 정의되어 있는가?

넷째, 영업 담당자들은 영업 전략을 달성할 수 있는 역량을 가지고 있는가?

4가지 질문에 대한 대답은 모두 '아니오(No)'였다. 우리는 연수원장에게 코칭 스킬 교육을 더 이상 하지 말라고 조언했다. 코칭 스킬은 위의 4가지 질문에 대한 답이 충족된 상태에서 회사의 영업 전략을 현장과 연결하는 데 필요한 리더십 스킬이라는 것을 체계적으로 설명해 주었다. 연수원장은 고개를 끄덕였다.

세일즈 코칭은 영업 성과 요인에 대한 명확한 그림을 가지고 그것을 구현해 나가는 영업 관리자에게 요구되는 리더십 역량의 하나다. 즉, 세일즈 코칭은 회사의 영업 전략과, 그에 따른 영업 담당자의 역할 규정, 역할을 수행하는 영업 활동을 관리할 수 있는 시스템과 문화가 명확하게 정리된 후에 실행력을 높이는 데 필요한 스킬인 것이다. 그럼에도 불구하고 많은 영업 조직들이 단 몇 시간 혹은 며칠 동안, 코칭 스킬만 교육한 채, 영업 관리자들에게 세일즈 코치의 역할을 요구하고 성과 향상을 기대하는 것은 어불성설(語不成說)이다.

체계적으로 디자인된 영업 성과 모델, 신중하게 계획된 코칭 훈련 프로그램, 코칭 문화 정착을 지원하는 시스템과, 조직 문화에 대한 총체적이고 포괄적인 디자인이 이루어진 후에 코칭 스킬을 배워도 늦지 않다. 영업 관리자들에게 '코칭 스킬을 가르치는 것'과 영업 성과 향상을 목적으로 조직에 '코칭을 도입하는 것'은 그 의미가 전혀 다르다.

세일즈 코칭은 영업 전략과 영업 현장을 한 방향으로 연결하는 데 필요한 영업 관리자의 리더십 스킬이다.

코칭은 의무가 아닌 선택이다

영업 담당자들의 의욕과 능력에 따라 각기 다른 방법을 통해 코칭을 실시하는 것이 효과적이다. 김상범이 『영업, 코칭이 답이다』(2015)에서 소개한 바와 같이, 코칭을 통한 성과향상에서 가장 중요하게 고려해야 할 사항은 코칭받는 사람, 즉 영업 담당자의 의욕과 의지다. 이것이 없는 영업 담당자를 코칭한다는 것은 불가능에 가깝다. 따라서 해당 영업 담당자가 어떤 상태에 있는지 충분히 고려하여 그에 맞는 방법을 사용하는 것이 바람직하다.

프랑스의 심리학자이자 코치인 미쉘 모랄과 피에르 앙젤은 『코칭』

(2014)에서, 코칭을 시작하려면 먼저 고객 자신이 코칭을 받으려는 의지를 가져야 한다는 점을 강조하고 있다. 즉 코칭받는 사람의 태도를 강조했다.

최근의 연구 결과에 따르면, 태도, 표상능력(지각 또는 기억에 근거하여 의식할 수 있게 된 관념), 믿음 또는 신념 등의 지속적 변화는 '개인의 의지'가 있을 때만 가능하다. 그러므로 자발적으로 요청하지 않는 사람에게 코칭받게 할 경우에 성공 가능성은 매우 희박하다.

심리학자인 맥클랜드(D. McClelland)에 따르면, 성취 욕구가 높은 사람일수록 피드백을 잘 수용한다. 이는 성취 욕구가 개인 스스로가 자기실현의 욕구를 부단히 추구하는 데서 비롯되기 때문이다. 이태헌·구자원·김상범 등의 「영업 관리자 피드백이 영업 담당자의 성취 욕구와 조직 몰입에 미치는 영향에 관한 실증 연구」(『경영교육연구』, 2017)를 보더라도, 세일즈 코칭은 성취 욕구가 있는 사람에게 효과가 있다.

코칭적 관계는 의무가 아닌 선택이다. 코치와 코칭을 받는 사람들의 관계는 조화를 이루는 협조적인 동반관계 그 이상이다. 예를 들어서 교정이나 제재를 기반으로 한 코칭은 수용적이라기보다는 저항적이다. 영업 관리자가 부서나 직원들에게 어떻게 코칭을 제공하는가? 저성과자들의 의무, 선택 혹은 교정적인 의도로 사용하고 있는가? 부서 전체에게 제공하는가? 선정된 몇 명 혹은 한 사람에게만 제공하는가?

외부 코치가 아닌 영업 관리자에 의해 영업 담당자들은 본인이 원하지도 않는데 억지로 코칭을 시작하는 경우가 있다. 이는 시간 낭비다.

코칭은 지속성과 실행이 핵심이다

왜 코칭이 많은 조직에서 잘 활용되지 못하는지를 알아보려면 먼저 코칭의 정의를 되짚어 볼 필요가 있다. 매튜 딕슨과 브랜트 애덤슨은 『챌린저 세일』(2013)에서 세일즈 코칭의 정의를 다음과 같이 내리고 있다.

"개인의 구체적인 행동을 진단하고 수정하고 강화하기 위한 영업 관리자와 영업 담당자 사이의 지속적이고 역동적인 상호작용."

이 정의는 세일즈 코칭의 기본이 무엇인지 설명하면서 코칭이 일반적인 교육과 어떻게 다른지 알려준다. 이와 같이 코칭은 지속적인 것이다. 코칭은 일회성 행사나 일련의 교육 이벤트와 다르게 지속적인 것이다. 따라서 코치들은 기본적인 행동 변화에 집중하며 동일한 기술을 계속 반복하여 코칭하기도 한다. 프로 야구 선수들은 시즌이 시작되기 전에 훈련을 한다. 그들은 수년 동안 운동을 해온 프로들임에도 불구하고 훈련 캠프에서 기본적인 기술의 반복을 통한 강화에 주안점을 둔다.

개선을 가져오는 것은 바로 이러한 지속적인 강화다. 강화는 바람직한 행위의 모양을 만들고 구축하는 것이다. 그것은 영업 담당자가 어떤 특별 영역에서 서서히 스킬들을 완성해감에 따라 영업 관리자가 관찰한 것에 대하여 피드백을 주고 지속적으로 강화하는 것을 의미한다.

세일즈 코칭은 단 한 시간 또는 단 한 번의 코칭만 하는 것이 아니며 시간과 반복이 필요하다. 또한 세일즈 코칭은 실천 계획 수립(Plan)—실천(Do)—성찰(Review) 프로세스를 반복적으로 지속하는 것이 중요하다. 이 가운데 특히 코칭받는 사람의 실천(Do)이 가장 중요하다. 세일즈 코칭의 성패 여부는 코칭받는 사람의 실행 계획과 성찰 사이의 실천 여부에 달려 있다. 영업 담당자가 변화와 성장에 대한 의지를 가지고 실천에 옮길 때 비로소 코칭은 성과로 연결되는 것이다. 이는 영업 조직 내부에서 일어나는 세일즈 코칭뿐 아니라 외부 코칭 전문가들이 코칭할 때도 마찬가지다.

지금까지 우리는 좀 더 효과적으로 세일즈 코칭을 도입하는 데 직면할 수 있는 문제들에 대해 나열해 보았다. 많은 영업 조직들이 유행처럼 코칭을 외친다. 그러나 코칭 스킬을 배우는 것보다 더 중요한 것은 우리가 위에서 제시한 문제들을 먼저 진단해 보고 준비하는 것이다.

'처방하기 전에 진단한다'는 원칙은 세일즈 코칭에도 그대로 적용된다. 섣불리 영업 관리자들에게 코칭 스킬을 가르치기보다는 먼저 코칭

환경이 조성되어 있는지 진단하라. 그렇지 않으면 잘못된 처방을 하게
될 것이다.

영업 현장을
정밀하게 진단하라

PART 2

Chapter 1

영업 모델을 철저히 분석하라

앞에서 언급한 I社는 영업이익률이 언제나 20%를 넘는다. 비결은 한마디로 '강한 영업력' 때문이다. 당신이 일하는 회사의 영업 담당자들에게 다음과 같이 질문해 보라.

"우리 회사는 제조, 개발, 영업, 기획, 관리 중에 어떤 부분이 가장 강한가?"

어느 분야가 회사의 방향을 결정하는지를 묻는 질문이다. 자신이 속해 있는 부문에 자부심을 갖고 그 부문이 가장 강하다고 할 수도 있고, 전통적으로 제조가 주축이 되면 제조 부문이라고 할 것이고, 좋은 제품으로 인한 성공 경험이 많으면 개발이 중심이라는 대답이 나올 것이다. 당신들과 우리 생각이 차이가 있을 수 있겠지만 대답하는 사람들 대부분이 '특정 부문'이라고 한 목소리로 답할 수 있는 회사가 강한 회사일 것이다.

I社도 대부분의 중간 관리자들이 "우리 회사는 영업이 강하다"라고 대답했다. 그렇기 때문에 호황이든 불황이든 언제나 20% 이상의 영업 이익률을 확보할 수 있는 것이다.

오늘날은 영업이 강한 기업을 요구하는 시대다. 강한 영업력을 핵심 역량으로 확보한 기업만이 지속적인 성장을 보장할 수 있기 때문이다. 제조와 관리 부문의 경쟁력만 가지고는 경쟁 환경 변화에 대응하기 어렵다.

그렇다면 I社가 영업이 강한 이유는 무엇일까? 그것은 영업 시스템이 고객(시장)을 중심으로 확고히 구축되어 있고, 영업 활동이 합리적으로 진행되고 있기 때문이다. 그리고 무엇보다 영업 부문의 마인드와 기술력이 타사에 비해 뛰어나기 때문이다.

원래 영업이라고 하면 임기응변식의 성격이 강하고 전략적으로 행동할 수 없는 비과학적이며 비체계적인 활동이라는 인식이 강하다. 그러나 I社의 영업은 매우 과학적이며 체계적으로 이루어지고 있다. 무엇보다 객관적인 데이터를 중시하는 것으로 정평이 나 있다. 그 때문인지 회의에서 많은 분석 자료들이 오간다.

점점 새로운 시장을 창조해야 하는 시대가 되고 있다. 이런 시대에서는 고객과의 좋은 관계만 가지고는 살아남기 어렵다. 중요한 것은 고객의 사업을 체계적으로 파악하고 전략적으로 접근하는 것이다. 더 이상 근성이나 임기응변으로 영업할 수 없다.

영업력이 강한 회사는 이익을 어떻게 최대화할지를 항상 고민한다. 그러기 위해서는 매출뿐 아니라 영업 활동 전체를 체계적으로 분석해야 한다. 과거의 매출 수치만 분석하는 것만으로는 앞으로의 매출과 이익을 끌어 올릴 방법이 나오지 않는다. 영업 활동을 정확히 분석하려면 그 10배 이상의 노력과 에너지를 투입해야 한다.

- 영업 활동의 근간인 영업 전략은 이대로 좋은가?
- 도대체 영업 전략이라고 할 만한 것이 있는가?
- 경쟁사 대비 진정한 차별적 우위를 찾아냈는가?
- 고객이 바라는 영업 담당자의 모습과 회사가 실천하고 있는 영업 프로세스에 차이는 없는가?

이러한 질문에 명쾌하게 대답할 수 있는 회사는 의외로 많지 않다. 따라서 철저한 영업 활동 분석을 통해 '바람직한 영업 모델'을 결정해야 한다. 즉, '우리 회사의 영업이 바람직한 모습을 향해 나아가고 있는 가?', '영업 프로세스가 시장의 변화에 적절하게 대응하고 있는가?', '영업 역량이 고객의 니즈를 반영하고 가치를 제대로 제공하고 있는가?' 등을 분석해야 한다.

추가적으로 다음과 같은 문제도 점검해야 한다. '현재의 조직으로 시장 변화에 대응할 수 있는가?', '인사 시스템은 영업 담당자들의 의욕을 자극하고 있는가?', '영업력 강화를 위한 코칭이나 교육 시스템은 정비되고 있는가?' 등 영업을 간접적으로 지원해 주는 부문을 분석하는 일도 간과해서는 안 된다.

B社는 컴퓨터 하드웨어와 주변기기를 유통 판매하는 중소기업이다. 우리는 B社의 사장을 인터뷰했다.

우리 : 회사의 수익률이 항상 높은 이유는 무엇입니까?

사장 : 수익률이 낮은 거래는 가급적 하지 않습니다.

우리 : 그게 어떻게 가능합니까?

사장 : 수익률이 낮은 상품이나 활동이 무엇인지 알아내면 됩니다.

B社는 영업 활동 분석을 통해 영업이익을 최대화하고 있다. 수익률이 낮은 상품은 취급하지 않는다. 수익률이 낮은 광고나 판촉 활동도

하지 않는다. 수익률이 낮은 거래처도 활용하지 않는다. 이 모든 영업 활동이 이 회사에서는 당연한 일이다. 그러나 이렇게 당연한 일을 하지 못하는 기업이 많다.

많은 영업 조직들이 이전부터 매출은 아주 세밀하게 분석해 왔지만 영업이익은 제대로 분석하지 못하는 경우가 많다. 이제는 '성숙된 시장에서 어떻게 살아남을 것인가'가 중요한 화두가 되었다. 이러한 환경 변화에 제대로 대응하기 위해서는 무엇보다 이익 관리를 가장 중요한 요소로 다루어야 한다.

데이터를 영업의 기반으로 삼는지의 여부가 영업력을 강화하는 관건 이라고 할 수 있다. 현재 매출 수치만 분석해서는 경쟁력이 생기지 않는다. 당신의 영업 관리자는 이익 관리를 위해 영업 활동을 어떻게 분석하고 있는가?

하버드 비즈니스 스쿨의 프랭크 세스페데스(Frank Cespedes) 교수는 수백 명의 관리자들을 대상으로 실험을 했다. 〈그림 2-1〉의 세로축에 는 경제적 이윤(economic profit, EP) 또는 경제적 부가가치(economic value added, EVA)가 표시되어 있는데, 이는 순영업이익에서 자본비용을 뺀 값을 말한다. 기업이 투자(예를 들어 공장 신설, 영업 담당자 채용, 직원 교육에 투입하는 시간과 비용)를 할 때는 적어도 기회비용을 포함한 자본비용을 회수할 수 있어야 한다. 여기서 기회비용이란 이미 투입한 자금, 인력, 시간 등을 다른 곳에 투입했을 때 얻을 수 있는 잠재적 이익을 의미한다.

〈그림 2-1〉의 세로축에서 경제적 이윤은 양의 값, 제로, 음의 값을 의미한다. 가로축은 매출 증가를 나타낸다. 오른쪽으로 갈수록 매출이 빠르게 증가하고 있음을 나타내고, 왼쪽으로 갈수록 매출이 서서히 증가하거나 감소하고 있음을 나타낸다. 이 테스트는 다음의 3가지 질문으로 되어 있다.

〈그림 2-1〉 경제적 이윤과 매출의 사분면

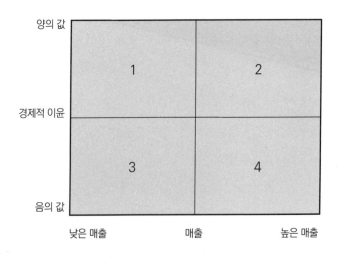

Q.1 위의 네 개의 분면 중에서 기업에게 가장 적합한 것은 어느 분면인가?

정답은 경제적 이윤이 양의 값을 갖고 매출이 빠르게 증가하고 있음을 나타내는 2사 분면이다. 여기서는 경제적 이윤과 매출 증가가 기업 가치를 더해주기 때문에 되도록 이 지점을 지향해야 한다.

Q.2 위의 네 개의 분면 중에서 기업에게 차선이 되는 것은 어느 분면인가?

정답은 매출이 조금 낮더라도 이윤이 양의 값을 갖는 1사 분면이다. 이 질문에 정답을 제시한 관리자는 약 80~90%인 것으로 나타났다.

"결과는 좋습니다. 하지만 손익 면에서는 따져 보아야 합니다."

이러한 반응은 영업인들에게 그다지 즐거운 것은 아니다. 기껏 힘들게 마감지어 놓으면 관리나 회계 쪽에서 자주 하는 얘기다. 하지만 기업의 건전성을 위해서 영업 관리자들이 간과해서는 안 되는 중요한 이슈다.

Q.3 위의 네 개의 분면 중에서 기업에게 최악이 되는 것은 어느 분면인가? 경제적 이윤이 음의 값을 갖고, 고객이 많아져서 매출이 빠르게 증가하고 있음을 나타내는 4사 분면인가? 아니면 경제적 이윤이 음의 값을 갖고 매출이

서서히 증가하거나 심지어는 감소하고 있음을 나타내는 3사 분면인가?

정답은 4사 분면이다. 실제로 4사 분면은 3사 분면보다 훨씬 더 나쁜 상태를 의미한다. 경제적 이윤이 마이너스인 상태에서 매출 상승을 위한 추가 투자는 기업 가치의 하락을 더욱 촉진시킨다. 영업 관리자 중에서 세 번째 질문에 정답을 말한 사람은 전체의 3분의 1도 되지 않았다. 특히 기술 영업 분야의 영업 관리자 중에서 정답을 말한 사람은 3분의 1에도 훨씬 미치지 못했다. 이 테스트를 우습게 생각해서는 안 된다. 매출과 경제적 이윤의 흐름에 관한 잘못된 판단은 기업의 재무 성과와 시장 실적에 직결되기 때문이다.

당신이 매출 목표 달성을 위해 노력하는 것이, 가라앉고 있는 타이타닉 호 갑판 위에서 의자를 고쳐 앉는 것과 같은 넌센스가 아니길 바란다. 영업 모델 분석을 통해 이익을 관리하라.

Chapter 2

영업 전략을 분석하라

전략이라는 용어는 원래 병법 또는 군사학에 근원을 두고 있다. 일찍이 고대 중국의 춘추전국시대에 손무와 손빈이 각각 『손자병법』과 『손빈병법』을 저술한 바와 같이, 고대 서양에서도 시저와 알렉산더대왕 등은 자신들의 병법 이론을 저술했다. 영어로 전략을 뜻하는 'Strategy'란 단어는 그리스어 'Strategos'에서 나온 것으로, 이 말은 군대를 의미하는 'Stratos'와 이끈다는 의미를 가진 'ag'가 합쳐진 용어다.

전략이 군사학의 영역에서 확장되어 기업을 위한 경영전략으로서 현대 경영학의 일부분이 된 것은 1950~1960년대에 미국의 거대 기업들이

다양한 사업 분야를 어떻게 효율적으로 운영할 것인가에 대한 문제에 직면하게 되면서부터다. 이러한 배경하에 각 사업 단위를 최고 경영자가 효과적으로 관리하기 위해 매년 수익률 목표를 정하고 각 사업에 필요한 투자금을 적절하게 배분할 필요가 생겼다. 이를 위해 장기적인 목표와 전략이 필요하게 되었던 것이다.

전략은 항상 이기기 위한 명확한 특징을 만드는 것이다. 사실 '전략'이라고 쉽게 말하지만, 영업 관리자나 담당자 10명 중에 과연 몇 명이나 자신 있게 전략에 대한 정의를 내릴 수 있을까? 전술, 계획, 실행계획 등과의 차이를 정확하게 설명할 수 있는 사람은 매우 드물 것이다. "영업 전략을 분석하라"는 요청을 받아도 도대체 분석해야 할 대상이 무엇인지조차 모를 것이다.

기업은 보유한 시간, 인력, 자금으로 무엇을 생산하여 판매할 것인가, 무엇을 생산하지 않고 팔지 않을 것인가에 대한 선택을 해야 한다. 분명한 선택이 분명한 결과를 낳는다. 중요한 선택에서 명료성이 부족한 것은 잘못이다. 그러면 직원들은 마구잡이식의 생각을 가지게 되고, 결국 전략과 영업 현장이 일치되지 않아 방향성을 상실하게 된다. 전략이 필요한 것은 조직 전체가 함께 논의하는 주제, 즉 고객 가치 실현 및 경쟁 우위를 확보할 수 있는 역량을 확대하기 위해서다.

영업 전략이란 목표 달성을 위해 명확한 영업상의 특징을 만드는 것이다. 별다른 영업 전략을 갖고 있지 않은 기업도 물론 많다. 성장 일변도의 시장구조에서는 그저 남만큼 노력하기만 해도 성과를 거둘 수 있었기 때문이다. 차별성보다는 남들과 똑같은 품질, 고객만족, 가격만 유지해도 되었다. 하지만 이제는 더 이상 따라 하기가 통하지 않는다. 지금은 우리 회사가 다른 회사와 무엇이 다른가, 무엇을 잘하는지를 명확히 보여주지 못하면 결코 살아남을 수 없다.

지속적인 경쟁 우위를 확보하려면 명확한 전략이 필수적이다. 적어도 관리자급 이상은 자사의 전략을 설명할 수 있어야 한다. 각각의 부문과 담당자가 각자의 생각대로만 행동해서는 안 된다는 의식을 가져야 한다. 자신의 행동이 회사의 전략과 한 방향이어야 한다. 일시적으로 성과가 있더라도 장기적으로 회사에 도움이 되지 않을 수도 있다. 전투에서 이기고 전쟁에서 패한다는 것은 바로 이를 두고 한 말이다.

전략이란 경영자원의 통합이기도 하다. 영업 전략을 분석하는 포인트는 다음과 같다.

- 경영자원이 전략과 한 방향으로 통합되어 있는가?
- 다른 회사와 명확한 차별성을 가지고 있는가?
- 선택과 집중이라고 할 수 있는가?

〈그림 2-2〉 전략 체계의 구조

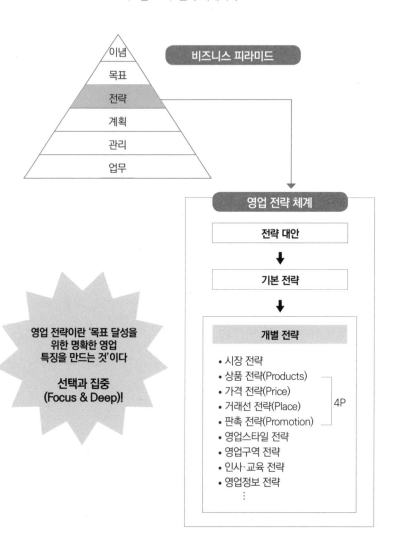

비즈니스 피라미드

- 이념
- 목표
- 전략
- 계획
- 관리
- 업무

영업 전략 체계

전략 대안

↓

기본 전략

↓

개별 전략

- 시장 전략
- 상품 전략(Products)
- 가격 전략(Price)
- 거래선 전략(Place)
- 판촉 전략(Promotion)
- 영업스타일 전략
- 영업구역 전략
- 인사·교육 전략
- 영업정보 전략
  ⋮

4P

영업 전략이란 '목표 달성을
위한 명확한 영업
특징을 만드는 것'이다

선택과 집중
(Focus & Deep)!

전략 분석을 체계화하려면 자사 또는 자기가 속한 부문의 영업 전략을 정리해 보는 것이 바람직하다. 전략의 핵심을 키워드로 만들어 체계화해보는 것이다. 미사여구만 나열한 것은 아닌가, 계획만 있는 것은 아닌가, 실행 가능한가 등을 점검해야 한다. 전략에는 반드시 주체성이 있어야 하며, 강점이 나타나 있어야 한다. 키워드만으로도 자사의 실력을 알 수 있어야 한다.

전략의 문제점은 목표를 무리하게 잡는 데에서 비롯된다. 목표를 설정할 때에는 물론 있는 힘을 다해 달성할 수 있을 만큼 높게 잡아야 한다. 대개 전년 대비 10~20%, 이벤트 시에는 30% 이상 높게 잡는다. 하지만 최고경영자가 자기 마음대로 무리한 목표를 정해서 하달하거나 영업 관리자들이 근거 없는 의지 목표를 내놓아 봤자 영업 현장의 의욕이 오를 리 없다. 목표 설정은 목표의 의미와 객관성, 목표 달성을 위한 전략, 목표 달성 시의 보상이라는 3가지가 명확해야 한다. 그래야 명확하고 실현 가능한 전략이 수립될 수 있다.

또한 전략 분석 과정에는 핵심 역량 분석이 효과적이다. 핵심 역량이란 '고객의 이익으로 연결되는 경쟁 우위를 가진 자사의 능력과 기술'을 의미한다. 영업에서의 핵심 역량으로는 기술력, 영업력, 고객정보 분석 및 활용 능력 등이 있다. 영업에서는 무엇보다 다른 회사에 대한 경쟁 우위가 중요하다. '바로 이거다'라고 말할 수 있는 핵심역량이 무엇인가를 찾아내야 한다.

당신 회사의 영업 전략은 무엇인가? 핵심역량은 무엇인가?

Chapter 3

영업 프로세스를 분석하라

프로세스란 '어떤 일을 하기 위해 거쳐야 하는 일련의 행동이나 반복적으로 행해지는 정해진 행동 양식'으로 정의할 수 있다. 일정한 절차에 따라 일하면 그 결과를 쉽게 예측할 수 있다. 세계적인 물리학자 프리쵸프 카프라(Fritjof Capra)는 사물을 구조보다는 프로세스로 볼 것을 주장했다. 예를 들어 나무는 물체가 아니라 태양과 대지를 연결하는 하나의 광합성 프로세스로 인식되었을 때 더욱 효과적으로 이해할 수 있다는 것이다.

회사를 포함한 조직도 마찬가지다. 외부와의 상호작용과 내부의 작업 흐름, 즉 프로세스로 조망할 필요가 있다. 결국 회사란 비즈니스 프로세스의 집합인 것이다. 회사 전체의 성과도 개별 프로세스에서 나온 결과의 집합이다.

영업 조직의 프로세스는 크게 영업 프로세스, 영업 지원 프로세스, 영업 교육 프로세스, 영업 성과 관리 프로세스 등으로 구분할 수 있다. 이와 관련하여 베인&컴퍼니는 프로세스 개선을 통한 영업 혁신 방법을 다음과 같이 제시했다.

첫째, 영업 프로세스의 최적화다. 영업 프로세스는 우량 고객을 어떻게 파악, 확보, 유지하는지에 관한 요소를 알려주어야 한다. 또한 이것은 프로세스의 각 단계에서 구체적인 활동으로 나타날 수 있게 해야 한다. 이를 위해서는 사실에 근거한 사례와 데이터 분석을 출발점으로 삼아야 한다.

또한 고객들 간의 상이한 니즈를 충분히 반영하고 그에 대응할 수 있게 차별화된, 그러면서도 유연한 접근법을 담아야 한다. 즉 영업 프로세스를 단순히 정리해서 표준화화는 것에 그치지 않고 영업 목적을 달성하기 위한 최적의 방안이 프로세스 안에 녹아들게 설계해야 한다. 프로세스에 과학적 요소들을 꾸준히 업그레이드하는 것도 중요하다.

둘째, 영업 지원 프로세스의 근본적인 재구축이다. 영업 프로세스를 재설계하고 운영하는 것만으로는 성과를 달성할 수 없다. 영업 조직의 활동 자체를 개혁하는 것뿐만 아니라, 이를 지원하고 이끌어가는 전사적 인프라와 지식이 동시에 업그레이드되어야 한다.

이를 위해서는 먼저 영업 도구를 제공해야 한다. 영업 프로세스와 함께 영업 담당자가 가망 고객과 만날 때 어떤 이야기를 나누고 어떻게 행동해야 하는지를 구체적으로 기술한 매뉴얼 등이 반드시 필요하다.

매뉴얼을 정기적으로 업데이트하는 등의 지원 역시 이루어져야 한다. 교육 훈련 프로그램도 지속적으로 설계하고 운영해야 한다. 영업 담당자들이 이의 제기 등 각종 피드백을 통해 끊임없이 개선하는 데에도 신경을 써야 한다.

영업 도구와 훈련 시스템이 갖추어졌다면 관리를 체계화해야 한다. 결과 위주의 성과 관리 시스템을 탈피할 새로운 활동 관리 시스템을 정착시키고, 이에 맞는 모니터링과 코칭을 시행해야 한다.

마지막으로, 성과 관리 프로세스가 재정립되어야 한다. 새로운 차원의 영업 활동을 관리하려면 그에 맞는 성과 관리 지표와 프로세스가 필요하다. 평가와 인센티브 시스템 역시 이에 걸맞게 개편되어야 한다. 이 모든 작업이 영업 조직 내에서 실행되어야 하는 과제들이다.

우리는 코칭을 진행하는 과정에서 대부분의 영업 담당자들과 회사들에 영업 프로세스에 대한 기본적인 개념조차 확립되어 있지 않다는 사실을 발견했다. 프로세스를 가지고 있더라도 각 단계별로 관리되어야 할 사항들이 전략적으로 정리되어 있지 않았다. 갈수록 영업 환경이 복잡해져가는 상황에서 이는 매우 충격이었다. 그런데 프로세스를 구축하면 획기적으로 실적이 개선되는 효과가 나타났다. 평균 15% 가량 생산성이 증대되었다. 조직 전체에서 사용하는 공통의 언어와 영업 절차가 확립되어 나타난 결과라고 할 수 있다.

성공한 회사들은 대부분 그 요인을 훌륭한 제품에서 찾는 경향이 있다. 틀린 분석은 아니다. 그러나 훌륭한 제품은 일하는 문화와 프로세스에서 나온다. 선도적인 회사일수록 일하는 프로세스에서 수준 차이가 난다. 끊임없이 프로세스 혁신에 투자해온 결과다.

고객 접점 관리 프로세스, 서비스 프로세스, 심지어 인재 채용 프로세스까지, 지속적으로 성장하는 회사들은 뭔가 다르다. 일하는 프로세스가 잘 구축된 회사는 부서 간 중복되는 일도 적고 협조도 잘된다. 또한 조직이 안정되어 있어 전문성이 드러난다. 고객을 만나는 영업 담당자들부터 중요한 결정을 하는 의사결정권자에 이르기까지, 체계적이고 프로다운 면모를 볼 수 있다. 프로세스는 곧 회사의 수준을 판가름하는 기준이다.

프로세스는 우리의 일상생활과도 밀접히 관련되어 있다. 우리가 매일 타는 차나 입는 옷, 심지어 먹는 음식까지도 일정한 수준의 품질과 생산량을 달성하기 위한 프로세스에 따라 만들어진다. 영업도 마찬가지다. 목표만큼 성과를 올리기 위해서는 일정한 프로세스에 따라 영업이 진행되어야 한다. 잘 만들어진 영업 프로세스는 각 단계를 원활하게 연결해주고 다음 단계에서 무엇을 해야 하는지 미리 준비하게 하여 기회를 포착하고 높은 성과를 얻을 수 있게 해준다.

오늘날의 영업 활동은 어느 한 사람의 영업 담당자에 의해 주도되지 않고 대부분 조직 단위로 움직인다. 따라서 지속적으로 반복되는 영업뿐 아니라 단발성으로 끝나는 영업도 영업 담당자가 언제 무엇을 해야 하는지를 미리 알면 그만큼 성공 확률을 높일 수 있다.

세계적인 영업 컨설팅회사인 세일즈 퍼포먼스 인터내셔널(SalesPerformance International)의 대표이자 컨설턴트인 키스 이즈(Keith M. Eades)는 체계적인 영업 프로세스를 따랐을 때의 효과를 다음과 같이 제시하고 있다.

- 개인은 물론 조직 차원에서 문제를 찾아내어 원인을 규명할 수 있다.
- 영업의 성공 가능성을 매우 정확하게 예측할 수 있다.
- 분기 또는 연간 예상 매출액을 정확하게 예측할 수 있다.
- 영업 담당자들 사이에 공동의 언어를 만들 수 있다.
- 고객의 기대치를 조절하고 고객만족도를 높일 수 있다.
- 업무를 여유롭게 수행하게 되고 조직의 분위기를 좋게 할 수 있다.

최고의 영업 프로세스 구축 방법

영업 조직들은 저마다 나름의 영업 프로세스를 가지고 있다. 그러나 대부분 기억하지 못하거나 아예 무시하는 경우가 많다. 그 이유는 프로세스가 형식적이거나 자사 영업 환경과 맞지 않아 성과 향상에 별로 도움이 되지 않기 때문이다. 또한 자사 영업 현장에 대한 정밀한 진단 없이 타사 또는 좋다고 알려진 프로세스를 적용한 경우가 대부분이기 때문이다.

그렇다면 최고의 프로세스란 어떤 것이고, 그것은 어떻게 구축해야 할까? 단적으로 말하면, 최고의 프로세스는 존재하지 않는다. 그보다는 회사의 현실에 최적화된 프로세스를 찾아야 한다. 그러기 위해서는 고객을 이해하고 고객의 움직임에 따라 프로세스가 자연스럽게 흘러가도록 리듬을 맞추어야 한다. 프로세스 전반에 걸쳐 고객에게 새로운 가치를 제공할 수 있도록 도움을 줄 수 있어야 한다.

영업 프로세스를 구축하기 위해서는 우선 고객만족도 조사와 같은 설문이나 인터뷰를 통해 자사의 고객들이 원하는 영업 프로세스와 현재 영업 담당자들이 하고 있는 프로세스, 그리고 경쟁사의 영업 프로세스의 차이를 분석해야 한다. 이를 통해 보완할 방법론을 결정해야 한다. 자사가 갖추어야 할 최적의 프로세스가 결정되면 앞서 언급한 대

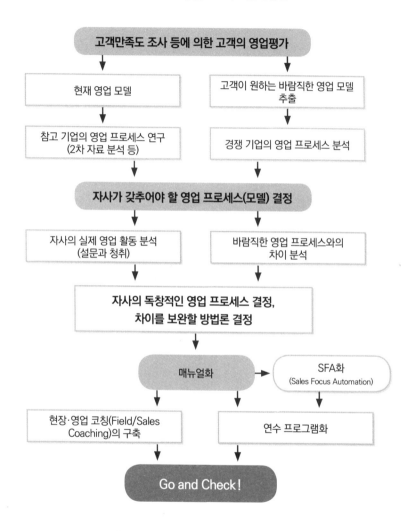

〈그림 2-3〉 영업 프로세스 분석 방법

고객만족도 조사 등에 의한 고객의 영업평가

현재 영업 모델

고객이 원하는 바람직한 영업 모델 추출

참고 기업의 영업 프로세스 연구 (2차 자료 분석 등)

경쟁 기업의 영업 프로세스 분석

자사가 갖추어야 할 영업 프로세스(모델) 결정

자사의 실제 영업 활동 분석 (설문과 청취)

바람직한 영업 프로세스와의 차이 분석

자사의 독창적인 영업 프로세스 결정, 차이를 보완할 방법론 결정

매뉴얼화

SFA화 (Sales Focus Automation)

현장·영업 코칭(Field/Sales Coaching)의 구축

연수 프로그램화

Go and Check!

로, 이를 매뉴얼화하고 현장 영업 담당자들에 대한 교육과 지속적인 코칭을 통해 프로세스가 정착되도록 해야 한다.

오늘날과 같은 가치 경쟁의 시대에는 고객의 사업에 대해 정확히 이해하고, 어떻게 하면 고객의 사업이 성장할지, 어떤 가치를 제안할지를 고민해야 한다. 따라서 무엇보다 고객을 위한 가치를 창출할 수 있는 프로세스를 구축해야 한다.

〈그림 2-3〉의 영업 프로세스 분석 방법을 참고해서 제대로 된 프로세스를 구축하라. 그 순간 영업 혁신이 시작될 것이다.

Chapter 4

영업 조직을 분석하라

조직이 어떠한 구조로 되어 있는가는 매우 중요한 의미를 갖는다. 영업 활동을 수행하는 영업 조직이 영업 전략에 적합한 형태로 만들어지지 않으면 전략의 실현이 어려워지고 목표 달성 또한 어렵게 된다. 영업 조직이 영업 전략과 구체적 실행을 연결하는 가교 역할을 하기 때문이다.

전략과 조직의 관계에 대한 연구의 대부분은 챈들러(A.D Chandler, Jr)가 미국 기업의 발전사를 70개 기업을 대상으로 연구한 결과, '조직의 구조는 전략에 따른다'라는 가설에 영향을 받아 이루어졌다. 챈들러는 이러한 연구를 기반으로 조직의 구조는 기업의 성장 전략을 따르는 경향이 있다고 주장했다. 이러한 관점에 따르면 조직이란 전략을 효과적으로 수행하기 위한 도구이다. 이렇게 볼 때 가장 효과적인 영업 조직 구조를 이루려면 기업의 영업 전략 수행에 맞는 골격을 갖추는 것이 중요하다.

조직을 만드는 이유는 업무 수행력을 높여 목표를 달성하기 위한 것이다. 따라서 사람이 아닌 업무 중심으로 조직을 구성하는 것이 당연하다. 목표는 사람 자체가 아니라 그 사람이 수행하는 업무를 통해서 달성되기 때문이다. 마찬가지로 영업 조직도 목표 달성을 위한 영업 전략에 부응할 수 있는 구조를 갖추어야 한다. 영업 전략과 조직이 조화를 이루지 못하면 자연히 조직이 추구하는 목표에 도달할 수 없게 된다.

현실의 조직은 어떤가? 영업 담당자들이 느끼는 어려움 가운데 하나는 다른 부서 동료들과 신뢰를 구축하는 일이다. 자주 갈등과 마찰을 빚는다. 영업 담당자들이 업무적인 도움을 요청했을 때, 재무, 관리 등 지원 부서는 신속하게 움직이지 않는다. 재무 부서와 영업 부서 사이에 마찰이 자주 일어나는 대표적인 경우로 가격 정책을 들 수 있다. 영업 부서에서는 고객사에 유리한 가격 조건을 제시하기 위해 빠른 결정을 하지만, 재무 부서에서는 매우 신중하고 보수적으로 접근하기 때문에 의사결정이 상대적으로 느린 편이다.

궁극적으로 경쟁에서 이기기 위해서는 관련 부서들이 하나의 팀처럼 운영되어야 한다. 경영진은 각 부서의 실무자들이 얼마나 친숙하고 긴밀하게 협력하는지 유심히 살펴야 한다. 때로는 영업 담당자들을 대상으로 설문조사나 인터뷰를 통해 어느 부서와 협력이 잘 이루어지는지, 어느 부서와 그렇지 못한지를 파악해야 한다. 새로운 가치를 창출해서 고객에게 제공하는 과정 가운데 어떤 곳에서 병목 현상이 발생하는지 살펴보아야 한다.

그렇다면 고객이 원하는 속도감과 전문성을 갖춘 조직은 어떤 모습일까? 또한 표면적으로 드러난 고객의 니즈(needs)뿐 아니라 잠재적인 욕구(wants)에도 대응할 수 있는 조직은 어떤 구조를 갖추고 있을까?

고객 중심의 영업 조직은 영업 담당자가 특정 고객이나 시장을 전담하고 회사의 모든 제품을 판매할 수 있는 구조를 갖추어서 고객의 다양하고 복잡한 구매 프로세스와 니즈에 대응한다. 고객들은 저마다 다른 특성을 지니고 있다. 어떤 고객은 가격에 민감한 반면, 어떤 고객은 자신의 니즈에 맞는 제품이라면 가격에 비교적 관대한 편이다.

또 어떤 고객은 회사에 많은 이익을 가져다주지만, 이익과 무관한 고객도 있다. 이럴 경우 고객들 간의 차이를 설명하는 변수를 선택하여 이를 기준으로 고객을 세분화해서 각기 다른 영업 담당자에게 분배하여 활동하게 하면 고객에게 더욱 적절하게 대응할 수 있다. 따라서 특정 고객에 특화된 영업 담당자를 배치하고, 그로 하여금 고객에게 적합한 지식과 영업 기술을 축적해나가도록 할 필요가 있다.

이미 발 빠른 회사들은 고객 지향적 전략을 강화하면서 영업 조직을 지역 중심과 제품 중심에서 고객 중심의 구조로 전환시키고 있다. 즉, 내부 지향적인 조직 구조를 외부 지향적인 구조로 재편하고 있는 것이다. 은행이 영업 부문을 개인 영업, 기업 영업, PB(private banking) 본부 등으로 구분하여 운영하는 것이나, 제약회사가 종합병원, 중소병원, 의원, 약국 등으로 나누어 영업 조직을 운영하는 것 등이 대표적인 사례. 이러한 경향의 근본적인 원인은, 고객이 단순히 제품이나 서비스를 공급받는 데서 벗어나 자신이 안고 있는 문제를 공급사가 적극적으로 해결해주기를 바라고, 공급사 또한 이러한 요구에 부응하기 위해 고객 밀착적인 조직 구조를 채택할 필요가 커졌다는 데에 있다.

켈로그(Kellogg) 비즈니스 스쿨의 졸트너스(Andris A. Zoltners) 교수와 2명의 연구자가 25년간 68개국 2,500개 사업체를 연구한 결과를 발표했다. 연구의 요지는 제품이나 사업의 수명주기(life cycle)에 맞추어 영업 조직을 변화시킨 곳의 성과가 더 좋았다는 것이다. 그들은 "영업 조직을 비즈니스 라이프 사이클에 따라 변화시켜야 한다"고 주장했다.

영업 조직 분석의 해답은 어디까지나 고객에게 있다. 결론적으로 이 것은 고객의 의견을 중심으로 경쟁 기업을 분석하고 다른 회사의 사례를 연구할 때 비로소 가능하다.

Chapter 5

교육 시스템을 분석하라

관련 조사에 따르면, 기업의 3분의 1 이상이 영업 담당자 교육을 전혀 하지 않는다. 많은 기업들이 교육 예산을 매출 증감에 따라서 결정한다. 그러다 보니 경영자의 의지가 없으면 장기적으로 교육에 일관성을 가지기가 어렵다.

영업 교육은 기업 내부의 다른 부서들에 의해서도 영향을 받는다. 제품 관리자는 영업 교육에서 제품 지식이 중요하다고 생각하고, 마케팅 관리자는 인구통계, 고객의 행동양식, 구매심리 등을 다루어야 한다고 생각한다. 그러다 보니 일반적인 영업 교육 프로그램의 경우에 마치 백

화점처럼 모든 분야를 조금씩은 다 다루는 것이 원칙처럼 되어버렸다.

영업은 많은 변수들이 실적과 효과에 영향을 미친다. 따라서 효과적인 영업 교육이 되기 위해서는 이벤트처럼 한두 번으로 그쳐서는 안 된다. 약점에 대한 보강, 강점에 대한 정기적인 업그레이드, 새로운 환경에 대한 적응 능력, 동기부여 등의 교육이 지속적으로 이루어져야 한다. 예능이든 스포츠든 대부분의 전문가들이 실전에 임하기 전에 반복적으로 연습을 한다. 반복적으로 훈련하지 않는 유일한 분야가 영업이 아닌가 싶다.

교육과 관련해서 기업들은 대부분 일을 하는 데 필요한 역량 리스트를 갖고 있다. 하지만 이것이 특정 영업 과제와 정확하게 맞아 떨어지는 경우는 드물다. 따라서 영업 교육 계획을 수립할 때에는 항상 영업 활동의 목표와 더불어 결과를 좌우하는 변수들을 염두에 두어야 한다. 판매 경쟁, 신제품의 도입, 협상, 클로징 스킬, 고객 선택과 방문 패턴의 개선 방안과 같은 것들이 그것이다. 때로는 외부 교육기관이나 전문 강사들이 만든 교육 프로그램이 적합할 수도 있다. 하지만 목적에 맞는 맞춤형 프로그램이 필요한 경우가 더 많다.

신입 영업 담당자는 회사의 영업 환경과 전략에 대해 알아야 할 것이 많다. 회사에 대해서도 알아야 하고, 다른 부서가 영업 활동에 어떻게 영향을 미치는지, 또는 영업 활동에 의해 어떻게 영향을 받는지에 대해서도 알아야 한다. 회사에서 다른 파트에서 어떻게 일하는지까지는 알 필요가 없다. 하지만 어떤 일을 하는지 그리고 영업에는 어떠한 영향을 미치는지 정도는 알아야 한다.

구매자들은 영업 담당자를 만나기 전에 온라인을 통해 제품의 기능과 가격을 미리 알아본다. 이제 고객들은 제품 정보를 얻기 위해 영업 담당자들에게 전보다 적게 의존한다. 따라서 영업 교육도 주요 영업 과제나 영업 스킬뿐 아니라 고객에게 제공할 수 있는 부가 가치에 더욱 집중해야 한다.

맞춤형 교육으로 영업 담당자에게 역할 훈련(Role Play)을 통해 행동(Activity)을 배우게 해야 한다. 이것이 성인 교육을 구성하는 핵심 요소다. 또한 배운 것을 표현할 수 있게 해야 한다. 영업 역량은 배워서 즉흥적으로 할 수 있는 것이 아니라 꾸준한 연습을 통해 습득해야 가능하기 때문이다.

그렇다면 원하는 결과를 어떻게 얻을 수 있을까? 그것은 바로 실행을 통해서다. 수동적인 주입식 강의보다 능동적인 참여형 교육이 효과가 크다는 것은 잘 알려진 바다. 경험을 통한 반복적 학습이 유능함을 만든다. 어떤 분야든 스킬을 습득하려면 반복 학습이 필요하다. 새로운 행동이 익숙해져서 효과를 나타내려면 여러 번 반복적으로 연습해야 한다. 연구 결과에 따르면 연습을 3~20회는 해야 한다. 따라서 공식적인 교육 프로그램에서는 실천 학습(action learning)을 구현해야 한다.

사람들은 적절한 연습을 통해 예상하지 못한 환경을 다루는 방법을 배운다. 이러한 사실을 보여주는 좋은 사례가 스크린 골프나 비디오 시뮬레이션 프로그램이다. 이러한 훈련 방법은 실천 학습의 핵심 요소들을 포함하고 있다. 연습은 경험을 쌓게 하지만, 모의실험을 통해 대신할 수도 있다. 사례 연구, 역할 연기 등을 비롯한 그 밖의 연습도 비슷한 경험을 제공한다.

이러한 훈련은 안전한 환경에서 가능하고 필연적으로 나타나는 실수들을 허용한다. 이를 통해 연습생들은 교육 매뉴얼 대신에 현장에서 부딪힐 수 있는 다양한 상황에 대한 경험을 미리 쌓을 수 있다. 교육 효과는 교육 내용 자체보다는 교육 이후로 발생하는 현상, 즉 사람들이 교육 시간에 배운 스킬을 실제로 적용하게 하는 사후 관리에 있다.

Chapter 6

채용 시스템을 분석하라

"유능한 영업 담당자는 만들어지는 것인가, 아니면 태어나는 것인가"라는 주제는 영업 관리에 있어서 대단히 중요한 의미를 지닌다. 만들어지는 측면이 강하다면 교육 훈련이 매우 중요한 의미를 지니게 되고, 반면에 타고나는 측면이 강하다면 교육 훈련보다는 채용이 훨씬 중요한 의미를 지니게 된다.

지금까지 유능한 영업 담당자의 특성에 대한 많은 연구들이 이루어졌다. 그중에서도 영업 담당자의 특성과 영업 성과와의 관련성에 대한 기존의 연구들을 종합적으로 분석한 미국의 한 연구는 영업 담당자의 특성을 28가지로 구분하고, 이 변수들이 영업 담당자들 간의 성과에 얼마나 차이를 나타내는지를 잘 설명하고 있다. 이 연구에서는 가장 많은 성과 차이를 설명하고 있는 영업 담당자의 특성으로 다음과 같은 7개의 변수를 제시하고 있다.

- 개인의 이력 및 성장 배경
- 결혼 유무와 자녀의 수 및 연령
- 영업 기술 및 지식
- 리더십
- 인지적 능력
- 경제적 능력
- 고객 커뮤니케이션 관련 기술(니즈 파악, 프리젠테이션, 반론 극복, 클로징 등)

이 변수들 가운데 교육 훈련을 통해 강화할 수 있는 특성은 영업 기술 및 지식과 고객 커뮤니케이션 관련 기술 정도이고, 나머지 변수들은 모두 교육 훈련과 전혀 관련이 없는 특성이거나(개인의 이력 및 가족 배경, 결혼 유무와 자녀의 수, 연령, 인지적 능력, 경제적 능력) 또는 관련이 적은 특성(리더십)이라 할 수 있다.

국내에서는 그동안 영업 담당자의 특성과 성과와의 관련성에 관한 연구가 그다지 활발하게 이루어지지 못했다. 하지만 몇몇 연구들은 영업 담당자의 성과 지향성, 학습 지향성, 고객 지향성, 감정 조절 능력, 개념적 사고 능력, 분석적 사고 능력, 솔선성, 자신감, 타인을 이해하는 능력, 질서에 대한 관심 등의 다양한 특성들이 성과에 영향을 미치고 있음을 보고하고 있다. 이러한 영업 담당자의 특성들은 부분적으로는 교육 훈련을 통해 양성할 수도 있지만, 그 대부분은 영업을 하기 이전부터 가지고 있는 특성이라 할 수 있다.

결론적으로 성공적인 영업 활동을 수행하기 위해서는 교육 훈련을 통해 영업 기술이나 지식을 배양하는 것도 중요하다. 하지만 유능한 영업 담당자가 되기 위해 갖추어야 할 많은 특성들은 타고나거나, 아니면 성장하는 과정에서 자연스럽게 길러지는 것이기 때문에 유능한 자질을 갖춘 영업 담당자를 채용하는 것이 매우 중요하다.

면접에 대한 전문 지식이 없는 영업 관리자들은 인터뷰를 하면서 지원자에게 현혹당하기 쉽다. 지원자는 면접관에게 가장 좋은 모습만을 보이려고 애쓰기 때문이다. 자신의 성과를 강조하며 어떻게든 좋은 인상을 심어주려고 노력한다. 대답은 준비되어 있고 면접관을 설득하는 미사여구로 포장되어 있다.

어느 누구도 자신의 실수나 약점을 언급하지 않는다. 할 수 있는 것은 모두 말하지만, 스트레스처럼 다루기 힘든 부분은 대개 말하지 않는다. 따라서 아무리 훌륭한 인터뷰라도 주관적 인상의 지배를 받게 마련이고, 채용 결정도 그에 따라 이루어지게 된다. 당신에게 사람을 볼 줄 아는 타고난 재능이 있을지 모르지만, 인터뷰만으로 한 사람을 온전히 평가하기에는 한계가 있다. 어쩌다 최고의 영업 담당자를 채용할 수도 있겠지만, 그것은 행운이 작용한 경우가 대부분이다.

사람을 제대로 알아보지 못하는 두 번째 이유는 성격이나 행동 검사 결과를 필요 이상으로 믿기 때문이다. 친절하고 외향적이며 단정한 용모에 추진력이 있어 보이는 등의 전형적인 영업 담당자 스타일은 각종 검사를 통해 쉽게 파악할 수 있다. 하지만 그것만으로는 영업 담당자의 성장 가능성을 보장할 수 없다. 다른 조건들이 따라주지 않으면 아무리 적극적이고 목표 지향적인 사람이라도 한계가 있는 영업 담당자로밖에 성장하지 못한다.

경력사원 채용 시 인터뷰와 검사 결과는 참고하는 정도로만 활용하는 것이 바람직하다. 어떤 인재를 채용할 것인가, 지원자의 어떤 측면을 어떻게 평가해야 하는가에 관한 기준과 방법이 제대로 정립되어 있지 않은 현실에서, 제한된 정보만을 알려주는 2가지 경로를 통해 지원자의 자질이나 영업인으로서의 가능성을 판단하기에는 한계가 있기 때문이다.

기업들의 채용 실태를 살펴보면 임의적인 경우가 많다. 제대로 된 채용과 훈련에는 많은 비용과 시간이 들기 때문에 단기간에 경력사원을 채용하여 현장에 바로 투입하거나 누군가가 퇴사했을 때 인력을 보강하곤 한다. 채용 여부는 지원자의 지난 경력을 중심으로 결정된다. 따라서 화려한 경력의 지원자가 채용되기 쉽다. 문제는 그가 새로 입사한 곳에서 성공할 확률이 기대만큼 높지 않다는 것이다.

판매효율성 전문 연구조사업체인 CSO 인사이트(Insights)의 연구 결과에 따르면, 인터뷰 결과와 업무 능력 간 상관관계가 14% 정도인 것으로 나타났다. 아주 낮은 수준이다. 인터뷰 무용론이 제기된다 해도 이상할 것이 없을 정도다. 이는 인터뷰 자체의 문제라기보다 인터뷰의 질에 따른 문제라고 할 수 있다. 기업들은 최고의 영업 담당자를 최대한 많이 확보하자는 간단한 채용 원칙을 갖고 있다.

면접관들 역시 한두 차례의 면접을 통해 얼마든지 지원자를 평가할 수 있다고 생각한다. 결국 자신의 직관에 따라 평가하고 임기응변식으로 채용하는 방식이 기대 이하의 실적을 낳게 만드는 것이다. 영업직의 교체 비율은 평균 30%에 달한다. 영업 부서 전체 인력이 3년마다 교체되는 셈이다. 따라서 인터뷰를 포함한 채용 절차를 좀 더 정교하게 체계화할 필요가 있다. 기존 방법으로는 안 된다. 우리가 탄 버스에 어떤 사람을 태울 것인가? 저성장으로 대표되는 이 시대에 이만큼 중요한 과제도 없다.

경쟁력 있는
전략을 수립하라

PART 3

Chapter 1

전략이 아닌 것, 전략인 것

전략은 경영 용어들 중에서 가장 대체 가능성이 높은 단어 중에 하나다. 많은 사람들이 저마다 전략이라는 용어를 다르게 사용한다. 심지어 같은 회사, 같은 문서에서도 다르게 사용되는 경우가 있다. 이와 같이 기업 내에서 자주 사용하는 단어 중에는 받아들이는 사람에 따라 의미가 다르거나 또는 단어를 쓴 사람의 의도와 받아들이는 사람의 의도가 다른 경우가 비일비재하다.

이와 같이 서로 다른 측면을 설명하는 단어로 쓰일 때에는 정확한 의도를 알기 위해 문맥을 따져 보아야 한다. 글을 쓰거나 말을 하는 사람

역시 자신이 의도하는 바를 정확하게 진술해야 할 의무가 있다. 이런 차원에서 전략의 의미를 다시 한 번 짚고 넘어가고자 한다.

첫째, 전략은 목표, 비전, 열정이 아니다. 많은 기업들이 '1위 탈환', '20% 성장', '글로벌 관리자로 도약' 등과 같은 식의 선언을 전략과 혼동한다. 이러한 선언을 바탕으로 시무식이나 신년식 등을 통해 조직을 동기부여시키고 다짐을 한다. 목표가 도움이 되고 중요하다는 사실은 부인할 수 없다. 그러나 목표는 전략이 아니다. 이러한 혼동은 일선 현장에 있는 영업 담당자들이 전략을 수행하는 데 필요한 스킬, 프로세스, 관계를 개선하는 데에도 도움이 되지 않는다.

둘째, 전략은 미션과 다르다. 미션과 동기는 기업이 존재하는 이유와 함께 기업이 고객과 사회에 기여하는 가치의 중요성을 설명한다. 그런데 비록 동기가 전략의 기반을 제공하지만 동기가 전략은 아니다. 다음을 보라.

- 엔씨소프트 : 즐거운 세상을 만드는 것
- 오뚜기 : 365일 웃음 가득, 행복 가득. 언제나 고객과 함께 합니다. 고객이 웃을 때 오뚜기는 행복합니다
- 월트 디즈니 : 인류를 행복하게

이와 같은 고상한 표현들은 직원들에게 자신의 일에 대해 특별한 기분을 들게 한다. 그러나 막연하다. 어디에서 사업을 할 것인지, 사업을 해서는 안 되는 곳은 어디인지, 사업을 하려는 곳에서 승리하려면 어떻게 접근해야 하는지와 관련된 내용을 담고 있는 전략과는 확연히 차이가 있다.

셋째, 전략은 가치와 다르다. 가치는 조직에 속한 사람들이 믿고 행동하는 방식을 정한 것이다. 가치는 기업 웹사이트나 광고 표현 또는 CEO의 말이 아니라 실제 행동에서 참된 의미를 가진다. '인간 존중'처럼 가치를 내세우면서 협력업체에 대한 직원들의 갑질, 직원들에 대한 폭언을 서슴지 않는 CEO 등은 기업 가치와 실제 행동이 다른 대표적 사례들이다.

전략과 가치는 이렇게 다르다. 그럼에도 불구하고 관리자들은 "우리 전략은 탁월한 제품과 서비스를 제공하는 것입니다"라는 말을 반복하면서 매출신장에만 신경쓰곤 한다. '지속적인 혁신'이나 '최상의 서비스'를 외치지만 전략적 행동은 찾아보기 어렵다.

영업과 관련한 의사결정은 회사 비전에서 시작하여 회사 목표와 전략, 마케팅 목표와 전략, 영업 목표와 전략 그리고 영업 및 영업 관리 활동에 이르기까지 계층적인 구조를 기반으로 이루어진다. 회사의 비전이 정해지면, 이에 따라 회사의 목표가 정해지고 이어서 회사 목표 달성 수단인 전략이 정해진다. 마케팅은 기업의 다양한 활동 중 일부이기 때문에 회사의 전략 가운데 마케팅과 관련된 전략이 마케팅 목표 설정의 근간이 되고, 이어서 마케팅 목표를 달성하기 위한 마케팅 전략이 정해진다.

또한 영업은 마케팅 활동의 일부를 구성하고 있기 때문에 마케팅 전략 가운데 영업과 관련한 전략이 영업 목표 설정의 근간이 되고, 이어서 영업 전략이 만들어지면, 이에 따라 영업 담당자들의 활동과 영업 관리자의 관리 형태가 결정된다. 즉, 영업 담당자들의 구체적인 활동과 보상, 채용, 교육 훈련 등과 같은 영업 관리 활동은 일차적으로는 영업 목표를 달성하기 위한 것이지만 회사의 목표는 물론 회사가 추구하는 목표나 비전과도 일관성을 이루어야 한다. 이러한 일관성을 가지고 결정된 전략을 경영진이 영업부서를 비롯한 여러 부서의 구성원들과 공유하고 통합된 노력을 기울일 때 실행력을 발휘한다. 당신이 속해 있는 회사의 영업 전략은 어떤 절차를 통해 결정되는가?

Chapter 2

좋은 전략, 좋지 않은 전략

영업 전략에 따라 영업 계획이 결정되기 때문에 전략의 좋고 나쁨에 따라 영업 계획도 영향을 받는다. 그렇다면 좋은 전략과 좋지 않은 전략은 어떤 차이가 있을까? 많은 기업에서 생각하는 전략은 좋은 전략이라 하기에는 부족한 점이 많다. 다음과 같이 단순한 '목표' 나 '구호', '계획', '전술', '행동 계획'인 경우가 대부분이기 때문이다.

· 고품질 고부가가치 기업
· 고객 만족 우선

- 인간 존중, 사회 봉사 기업
- 기존 고객 강화와 신규 고객 확대
- 제품력 강화와 신제품 개발 중시
- 차별화 전략으로 경쟁 우위 확보
- 영업력 강화

웃을지 모르지만 실제 현장에 가보면 많은 기업들이 이렇게 하고 있다. 이런 내용들을 전략이라고 하는 경우가 많다. 이런 기업의 영업 계획의 수준이 어떨지는 안 봐도 훤할 정도다. "이번 분기 매출 목표는 전년 대비 20% 향상입니다. 그러기 위해서는 대상을 좁히고 품질을 향상시키며, 고객의 의견에 귀를 기울이고 고객의 욕구에 대응하는 스피드 경영을 꾀하며, 고객 서비스를 중시하고……"라고 말하지만 결과는 전년 대비 마이너스 20%가 되기 쉽다. 전략이란 항상 이기기 위해(목표 달성을 위해) 회사 나름의 명확한 특징을 만드는, 다시 말해 '선택과 집중(Focus & Deep)'을 의미한다. 좋지 않은 전략에는 다음과 같은 특징이 있다.

- 분명치 않다
- 미사여구의 나열이다

- 의지나 뜻이 보이지 않는다

- 아무도 반대하지 않는다

- 초점이 없다

- 깊이가 없다

- 무리한 요구를 아무렇지도 않게 드러낸다

- 목표에 그칠 뿐이다

　전략인가 아닌가는 '반대 의견이 나오는가, 아닌가'로 당장 알 수 있다. 모두가 찬성해서 나 혼자 반대하기 어려운 안은 이미 전략이 아니다. 반대가 있어야 강력한 추진 의지도 나오는 법이다. '책임을 지겠다', '끝가지 완수하겠다', '효과가 없으면 자리를 내놓겠다' 등의 전략에는 그만한 의지와 결의가 있어야 한다.

Chapter 3

선택하고 집중하라

영 업 전략은 시장에서 경쟁 우위를 선점하기 위한 선택에 관한 것이다. 그런 만큼 선택이 명확해야 한다. 그럼에도 불구하고 불분명한 선택이 많다. 영업 활동을 하면서 수많은 결정들이 전략적인 접근 없이 내려진다. 그리고 나서 부문 간에 잘했니 잘못했니 하며 다툰다.

기업은 항상 가용한 시간, 인력, 자본을 가지고 무엇을 생산하여 판매할 것인가, 무엇을 판매하지 않을 것인가에 대한 선택을 해야 한다. 단기적 이슈에 집중하든 중장기적 이슈에 집중하든, 중요한 것은 명료성이다. 명료성이 부족한 전략은 영업 담당자들로 하여금 마구잡이식으로 매출만 올리면 된다는 식의 생각을 갖게 하고, 결국에는 영업의 방향성을 잃게 한다.

전략적 선택은 단계적으로 이루어진다. 먼저 '고객에게 제공하는 가치와 고객으로부터 기대하는 가치'와 관련된 목표를 정한다. 기대목표를 정하는 것은 성공적인 전략의 선택에 있어 매우 중요한 요소다. 그럼에도 불구하고 연구 결과를 보면 관리자들의 75%가 어려움을 겪는다고 답했다. 그 이유는 고객가치에 대한 최신 정보는 영업 접점과 고객 서비스 접점, 마케팅 부문 등이 가지고 있는 반면에 비용에 관한 정보는 재무, 생산, 회계부문이 가지고 있기 때문이다. 서로 정보 공유가 되지 않는 것이다. 영업 과정이 복잡할수록, 수주에서 납품까지의 시간이 길수록, 유지보수 과정이 복잡할수록 이런 현상은 더 심하다.

그다음 단계는 '어느 시장을 공략할 것인가?'를 선택하는 것이다. 수익을 얻기 위해 어느 고객, 어느 영역을 파고들 것인가를 결정하는 것이다. 전략의 범위에 관한 문제다.

다음은 거기에서 '어떻게 승리할 것인가?'이다. 경쟁에서 승리하려면 고객에게는 평균 이상의 가치를, 회사에는 평균 이상의 수익을 제공할 수 있어야 한다.

마지막으로 '승리를 위해 어떤 역량을 강화할 것인가?'이다. 승리를 위해서 영업 부문 외에 지원 부문에서도 어떤 역량을 강화해야 하는지 선택해야 한다. 개발해야 할 역량이 무엇이며, 어느 수준까지 개발해야 하는지 정리해야 한다.

영업 관리는 전략을 수행하는 데 필요한 이러한 요소들을 적절하게 유지하거나 강화하거나 재배치하는 활동이다. 영업에서 지속적으로 성과를 낼 수 있는 비결은 연구 개발, 마케팅, 생산, 코칭, 교육 훈련 등 특정 부문의 강화에 있지 않고, 이러한 사항들을 전략에 맞게 한 방향으로 균형을 이루게 하는 데 있다. 우선순위를 정하고 일관성 있게 집중하라.

Chapter 4

전략과 현장을 일치시켜라

시장이 급변하고 경쟁이 날로 심화되는 가운데 기업들은 새로운 성장 전략을 세우느라 노심초사하고 있다. 때로는 허술한 전략 때문에 큰 낭패를 겪기도 하고, 전략은 훌륭한데 실행이 되지 않아 실패로 끝나기도 한다. 결국 성패의 관건은 전략과 실행의 일치 여부다. 특히 영업에서는 전략과 현장의 연결이 성패에 결정적이라 해도 과언이 아니다.

하버드 비즈니스 스쿨에서 경영학을 가르치는 프랭크 세스페데스 (Frank V. Cespedes) 교수는 『영업 혁신(Aligning Strategyand Sales)』

(2016)을 통해 전략과 영업 현장의 조화를 강조했다. 그의 연구에 따르면, 기업들이 수립한 전략 중에서 성공적으로 수행되는 경우는 극히 일부에 지나지 않았다. 또한 전략 수행에 따른 재무성과도 기업들이 최초에 내세운 목표치의 평균 50~60% 수준인 것으로 나타났다.

왜 이런 문제가 나타나는 것일까? 가장 큰 이유는 고객들을 상대해본 지 오래된 전략가들이 실제 현장에서 필요한 전략의 핵심을 제대로 파악하지도 못한 채 낡은 비전과 전략을 제시하기 때문이다. 당연히 영업 담당자들은 현실과 동떨어진 전략을 이해하기도 수행하기도 어렵다. 이른바 전략과 영업의 단절 때문이다. 세스페데스 교수는 이를 '전략의 성직자'와 '영업의 죄인'으로 빗대어 표현한 것이다.

영업 현장은 기업의 가치가 만들어지기도 하고 소멸하기도 하는 곳이다. 그러나 영업 담당자들의 고객응대 활동과 기업의 전략이 어떻게 연결되는지 명확하게 설명해주는 전략기획안을 찾아보기가 힘들다. 전략과 현장이 따로 노는 것이다. 전략기획안이 만들어지는 절차를 들여다보면 그 이유를 알 수 있다. 기획하는 사람들과 실행하는 사람들이 서로 다른 쪽을 바라보고 있기 때문이다. 시간이 갈수록 그 간극은 점점 더 벌어진다.

일반적으로 기업들이 일을 추진하는 절차는 이렇다. 먼저 세일즈 킥오프 미팅(kick-off meeting, 사업 착수 회의)을 열고, 이어서 본사가 각 지점에 이메일을 보내 지침을 하달한다. 그리고 지점들로부터 보고를 받아 취합한다. 그 과정에서 '소통'은 거의 이루어지지 않는다. 대부분 일방적이다. 실적 부진 등의 문제가 발생해도 근본적인 원인을 파악하지 못한 채 그대로 넘어가기 일쑤다. 다른 이슈는 말할 것도 없다.

영업 담당자들을 대상으로 한 교육에서도 비슷한 문제가 나타난다. 상담이나 협상과 관련한 스킬만 알려줄 뿐 달성할 목표의 우선순위나 전략적 의미와 같은 포괄적 차원의 맥락은 공유해 주지 않는 경우가 대부분이다. 이는 회사의 전략이 명확하지 않거나 외부로 유출될지 모른다는 걱정 때문일 수도 있다.

시장에서 경쟁력을 갖기 위해서는 경영진이 나서서 전략을 구체화하고 공유해야 한다. 회사의 전략을 모든 사원이 공유하지 못해서 생기는 문제가 전략의 노출로 인한 문제보다 훨씬 더 큰 손실을 야기한다는 사실을 알아야 한다.

당신의 구성원들에게 회사의 전략에 대해 질문해 보라.

잭 웰치는 성공비결을 묻는 기자에게 유명한 말을 남겼다.

"나는 내가 어디로 가야할지 알고 있고, 우리 직원들은 내가 어디로 가고자 하는 지 알고 있다."

Chapter 5

가장 중요한 전략부터
한 가지씩 실행하라

조 직 활동의 핵심 원칙 중 하나는 사람은 한 번에 한 가지 일을 탁월하게 수행할 수 있다는 것이다. 아마 공항(Airport)보다도 이런 원칙이 가장 존중되고 잘 지켜지는 곳은 없을 것이다. 왜냐하면 공항 주변에는 이륙과 착륙을 위해 선회하고 있는 수백 대의 비행기들이 있고, 이들 하나하나가 모두 중요하기 때문이다. 특히 당신이 그중에 한 비행기를 타고 있다면 더욱 그러할 것이다.

수십 대의 비행기가 착륙 허가를 받기 위해 선회하고 있다. 만일 당신이 관제사라면 어떤 비행기부터 착륙시키겠는가? 어떤 기종부터 적용하겠는가? KE504 여객기 한 대가 막 착륙하려는 순간이다.

관제사 : "KE504 착륙해도 좋다."

지금 이 순간, 항공 관제사에게는 KE504 단 한 대의 비행기가 가장 중요하다. 관제사는 레이더를 통해 다른 모든 비행기의 상황을 파악하고 있다. 모든 비행기의 위치를 계속해서 지켜보고 있다. 그러나 지금 모든 역량과 전문성은 착륙을 시도하는 단 한 대의 비행기에 집중되어 있다. 만약 KE504기를 완벽하고 안전하게 착륙시키지 못하면 이 관제사가 해낸 일은 아무 소용이 없게 된다.

전략도 이와 비슷하다. 우리가 권하는 바는 전략의 우선순위를 정하고 가장 중요한 전략 하나부터 실행하라는 것이다.

당신의 조직에서 가장 중요한 한 가지 전략을 선택하는 것은 매우 어려운 일이다. 전략을 선택했다면 계획한 대로 탁월하게 달성될 때까지 성실하게 그 전략에 집중하여야 한다. 그렇다고 다른 중요한 것들을 무시하라는 것은 아니다. '방법이 있지 않을까?' 하고 자문할지도 모른다. 많은 관리자들이 그런 생각을 한다. 그런 사람들은 여러 개의 전략들을 한 번에 이루려는 생각으로 매일 여러 가지 전략에 조금씩 노력한다.

대개 이런 관리자들은 각각의 전략에 보통이나 그 이하의 성과 밖에 내지 못한다. 이것이 바로 한 가지 전략도 제대로 달성하지 못하는 이유다. 여기에 적용되는 원칙은 중력의 원칙과 비슷하다. 당신은 중력의 법칙을 무시할 수 있지만, 중력은 당신을 무시하지 않는다. 또한 당신은 한 번에 한 가지를 탁월하게 수행할 수 있다는 원칙을 무시할 수도 있고, 이 원칙에 따라 당신의 가장 중요한 전략을 한 가지씩 달성해 갈 수도 있다. 선택은 당신 몫이다.

영엄 계획을
세부적으로 수립하라

PART 4

Chapter 1

영업 계획은 왜 중요한가?

기업을 둘러싼 경영 환경은 최근 상당히 어렵다. 따라서 지금까지의 영업 마인드로는 살아남기 어렵다는 것을 영업 부문 종사자라면 누구나 실감할 것이다.

5년 내지 10년 앞을 내다보는 경영비전을 가진 기업이라도 그것을 실현하기 위해 구체적인 영업 계획을 수립하지 않으면 시장에서 언제 퇴출될지 아무도 장담할 수 없다. 매년 매출이 상승하던 호경기 때와는 달리 이제는 어떤 전략으로 영업을 할 것인가가 승패를 가른다고 해도 결코 과언이 아니다. 그렇다면 전략적인 영업이란 무엇을 의미할까?

규모가 큰 기업들은 경영 계획에 따라 과감하게 설비투자를 검토하거나 조직 개혁을 하는 기업도 있다. 하지만 중견 또는 중소기업이 가장 먼저 해야 할 것은 확실한 영업 계획을 수립하는 것이다. 기업은 적절한 이익이 확보되어야 존속할 수 있다. 그리고 기업 이익의 대부분은 영업 활동에서 창출된다.

매출액 중심에서 이익 중심으로 바뀐 오늘날, 기업이 효율적으로 이익을 올리기 위해서는 영업 계획의 수립과 실행이 필수다. 또한 영업 계획서 작성은 자사의 손익구조를 재검토하는 것으로 이어지고, 거기에서 발견된 문제점은 중장기적인 경영 계획에 반영해야 한다.

영업 계획은 기업이 적절한 이익을 확보하기 위해 작성하는 것이다. 하지만 그 전에 기업에게 적절한 이익이란 무엇인지, 그 의미를 이해하고 있어야만 한다. 일반적으로 이익에 대해서는 다음과 같이 2가지로 정리할 수 있다.

첫째, '이익은 결과로서 생긴다'는 것이다. 기업이 올린 수익에서 그것에 소요된 비용을 제외하고 남은 것이 이익이라는 사고방식이다. 이것은 하나의 논리로서는 성립하지만, 실제 경영에 있어서는 운명론과 같은 위험성을 띠는 것이다. 매출액에 비례해서 이익도 확실히 보장되는 영업 환경이라면 이 논리가 맞을지 모른다. 그러나 오늘날과 같이 가격파괴를 당연하게 여기는 영업 환경에서는 이러한 사고방식으로 적절한 이익을 확보하기란 매우 어렵다.

둘째, '목표이익을 결정한다'는 것이다. 목표로 삼은 이익 금액을 정하고, 그 이익을 확보하기 위해서는 어느 정도의 매출을 올려야 하는지를 미리 검토하는 사고방식이다. 다소 불합리하게 보일 수도 있지만, 기업의 손익구조를 재점검하고 영업 활동을 개선하는 데에는 매우 효과적이다. 매출액의 증가보다도 이익확보를 중시할 경우 먼저 이익목표를 검토하고 설정하는 것이 필요하다.

이와 같이 당연히 확보해야 할 손익구조를 파악한다면 기업은 도약의 발판을 마련할 수 있을 것이다. 지금 영업에 필요한 것은 이익을 결과로서가 아닌 목표로서 파악하여 전략적인 영업 계획을 수립하고 실행하는 것이다.

Chapter 2

영업 계획의 5가지 범위

영업 전략을 계획으로 구체화할 때 유용하게 활용될 수 있는 스킬로 '로직트리(Logic Tree)'를 들 수 있다. 로직트리란 주어진 문제나 과제에 대해 서로 논리적 연관성이 있는 하부 과제들을 나무 모양으로 전개하는 것을 의미한다. 이는 주어진 문제를 해결하기 위해 어떤 하부 문제들을 고려해야 하고 어떤 수단들을 고려해야 하는지, 그 체계를 논리적으로 연결해 문제를 본원적인 부분에서 해결하는 스킬로 기획 분야에서 흔히 쓰인다.

'매출 증가'라는 과제가 있다고 가정하자. 먼저 몇 가지 개념(키워드)

을 중심으로 그것을 구체화한다. '제품의 축'과 '시장의 축'으로 분류하면 제품과 시장의 현재 모습을 들여다볼 수 있다. 부문이나 구역, 거래선으로 나누어 구체화해 볼 수도 있다. 또 '고객만족 향상'이라는 과제가 있다면 '고객에 대한 기대치를 어떻게 충족할 것인가?', '철저한 고객 서비스를 어떻게 제공할 것인가?', '제품과 서비스의 질을 어떻게 향상할 것인가?' 등 3가지로 나누어 생각할 수 있다.

회사 전체 → 부문 → 구역 → 개인으로 나누는 것도 트리화의 한 과정이 될 수 있다. 트리화를 하지 못하면 '전략 → 계획 → 목표 관리'로 나갈 수 없다. 이처럼 트리는 무엇을 하기 위해 트리화하는가에 따라 1단계, 2단계, 3단계로 계속 분류할 수 있으며, 그 속에서 상황에 맞는 계획을 구체적으로 세워나갈 수 있다.

계획을 세울 때는 트리를 충분히 활용할 필요가 있다. 물론 전략이 없는 회사는 트리화도 없다. 계획에도 통일성이 없다. 계획이 들쭉날쭉하거나 지난해의 연장이 될 수도 있다. 전략이 명확해야 필연적으로 트리화되어 순조롭게 여러 가지 계획이 나올 수 있다.

영업 전략을 기반으로 영업 계획을 세울 때에는 5가지 범주로 나누어 접근하는 것이 효과적이다. 즉 트리(tree), 예산(bedget), 확률(probability), 과제(task), 주기(cycle) 등으로 나누는 것으로 한마디로 말하면 목표 달성의 논리적인 틀 또는 프레임워크(framework)라고 할 수 있다.

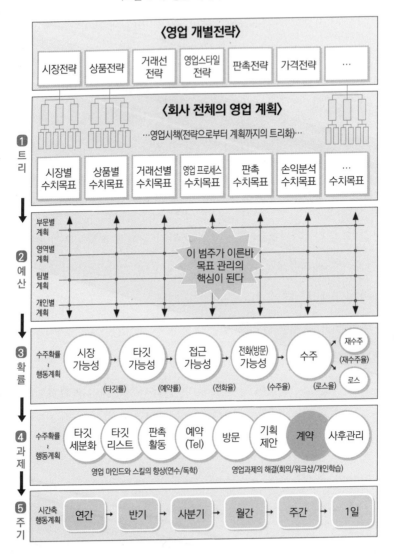

〈그림 4–1〉 영업 계획의 5가지 범위

〈영업 개별전략〉

| 시장전략 | 상품전략 | 거래선 전략 | 영업스타일 전략 | 판촉전략 | 가격전략 | … |

1 트리

〈회사 전체의 영업 계획〉

…영업시책(전략으로부터 계획까지의 트리화)…

| 시장별 수치목표 | 상품별 수치목표 | 거래선별 수치목표 | 영업 프로세스 수치목표 | 판촉 수치목표 | 손익분석 수치목표 | … 수치목표 |

2 예산

부문별 계획
영역별 계획
팀별 계획
개인별 계획

이 범주가 이른바 목표 관리의 핵심이 된다

3 확률

수주확률 ~ 행동계획

시장 가능성 (타깃률) → 타깃 가능성 (예약률) → 접근 가능성 (전화율) → 전화(방문) 가능성 (수주율) → 수주 (로스율) → 재수주 (재수주율) / 로스

4 과제

수주확률 ~ 행동계획

타깃 세분화 · 타깃 리스트 · 판촉 활동 · 예약 (Tel) · 방문 · 기획 제안 · 계약 · 사후관리

영업 마인드와 스킬의 향상(연수/독학)　　영업과제의 해결(회의/워크샵/개인학습)

5 주기

시간축 행동계획

연간 → 반기 → 사분기 → 월간 → 주간 → 1일

① 트리(tree) : 회사 전체의 전략을 영업 계획으로 구체화한 것이다. 예를 들어 시장 전략, 제품 전략, 거래선 전략, 판촉 전략, 가격 전략 등을 토대로, 시장별 수치 목표, 제품별 수치 목표, 거래선별 수치 목표, 판촉 수치 목표, 손익분석 목표 등을 구체화한다. 이때 키워드를 중심으로 트리화하면 계획을 더욱 편리하게 정리할 수 있다.

트리는 회사 전체 → 부문 → 팀 → 개인 순으로 완성하는데, 중요한 것은 트리가 전사적으로 통합되고 일원화되어야 한다는 점이다. 하지만 많은 기업들이 전략도 없고 단계별 트리가 명확하지 않아 아무렇게나 계획과 시책을 세운다. 트리를 보면 해당 기업의 전략 수준과 계획의 일관성을 알 수 있다.

② 예산(budget) : 트리에서 나온 영업 시책과 각 정량 수치를, 부문별, 팀별, 개인별로 책정한 것이다. 목표 관리의 핵심이라고 할 수 있으며, 여기에는 상의하달식뿐 아니라 하의상달식도 필요하다. 경영진의 판단에 의존하는 상의하달식이 일반적이지만, 사원들이 더욱 강한 책임감을 가지고 목표 달성을 위해 노력하게 한다는 면에서 하의상달식의 장점이 있다.

사실 예산을 결정하는 시기는 회사의 체질을 혁신할 수 있는 절호의 기회이기도 하다. 예산을 고민하면서 조직도 크게 바뀔 수 있기 때문이다. 하지만 대다수의 기업들이 전년 대비 수치만 들먹이며 예산을 짠다. 이는 혁신의 기회를 스스로 포기하는 것이다.

③ 확률(probaility) : 수주에 필요한 여러 가지 활동에 대한 확률을 산출하여 영업 활동을 규정하는 작업이다. 방문 건수에 대한 수주율과 메일 발송 건수에 대한 응답률, 재수주율과 승률, 로스율 등이 여기에 포함된다. 이렇게 산출한 수치와 계수를 통해 회사 평균과 부문 평균, 팀 평균과 개인 평균을 비교하면 영업의 생산성을 파악할 수 있고, 상관관계를 분석하여 목표 관리에도 활용할 수 있다.

정밀한 확률과 실질적 활용을 위해서는 다음과 같은 사항들을 고려해야 한다.

- 업무일지와 보고서를 통해 객관적인 데이터를 계속해서 모은다(SFA를 도입한 경우에는 입력 데이터를 기반으로 한다).
- 다양한 계수의 의미를 교육하여 영업의 질뿐만 아니라 양의 중요성도 공유한다.
- 실적이라는 결과와 함께 과정을 중시하는 풍토를 만든다.
- 영업 활동이 취약한 부분은 코칭을 통해 영업 관리자와 사원이 함께 해결책을 만들어낸다.

④ 과제(task) : 주문을 성사시키고 계약을 체결하는 등의 목표를 달성하기 위한 영업 활동 자체를 말한다. 이를 위해 어떻게 대상을 좁히고 약속을 잡고 방문하고, 어떻게 자신의 역량을 높이고 부문과 팀의 실적을 올릴 것인가와 같은 영업 과제를 설정한다.

모든 영업 활동은 고객에게 초점을 맞춘다는 면에서 대동소이하지만, 업종과 업태에 따라 다르게 이루어진다. 표준화된 영업 활동 외에도 자사 특유의 영업 스타일, 각 조직에 맞는 영업 방식이 정리되어 있어야 한다. 하지만 경험, 육감, 습관 등에 의존하여 영업 활동을 벌이는 경우가 매우 많다. 표준화된 내용도 없이 저마다 다른 방식으로 해나간다. 영업에 대해 다시 근본적인 질문을 던지고, 고성과자의 마인드와 스킬, 활동을 분석한 결과 등에 근거한 내용을 모두가 공유해서 반복적으로 수행할 수 있는 활동 기준과 환경을 마련해야 한다.

⑤ 주기(cycle) : 연간, 반기, 분기, 월간, 주간, 1일 등의 시간축에 따른 활동 계획을 말한다. 이것을 표준화한다는 것은 전체, 특히 현장의 의견을 반영한다는 뜻이기도 하다.

전략적인 활동을 위해서는 1주일이나 1일은 너무 짧고, 1개월 주기로 계획하는 것이 적당하다. 영업 활동의 기본 단위를 30일로 해서 트리 → 예산 → 확률 → 과제를 설정한 다음, 1주일, 1일 단위의 계획을 잡는다.

영업 계획이란 이와 같이 전략을 바탕으로 한 시책 수립(tree), 회사
전체 → 부문 → 영역 → 팀 → 개인에 이르기까지 목표 관리를 기본으
로 한 예산 수립과 그 운영(budget), 수주와 재수주를 증대시키기 위한
영업 활동 분석(probability), 영업 프로세스와의 일상 영업과제의 해결
(task), 시간의 흐름에 따른 ①~④ 활동의 구체적인 나열(cycle)이라는 5
가지 범위 전체를 가리킨다.

한마디로 영업 계획이란 '목표 달성의 논리적인 틀 또는 장치'이다.
이 구조를 정확히 이해하면 '계획을 위한 계획', '목표를 위한 목표'가 되
는 일은 발생하지 않는다. 전략에서 계획으로, 계획에서 개인의 목표
관리로 구체화하는 틀이 이와 같은 5가지 범위다.

Chapter 3

영업 계획 전체를 파악하라

이익구조 개선을 목표로 하는 기업은 중장기적인 경영 계획과 연계한 영업 계획을 수립할 필요가 있다. 계획은 기간의 길이에 따라 단기 계획, 중기 계획, 장기 계획으로 나뉜다. 관습적으로 2년 이내의 계획을 단기 계획, 1~5년인 계획을 중기 계획, 3~20년인 계획을 장기 계획이라 한다. 그러나 기간에 따른 계획의 성격은 절대적인 시간의 길이가 아니라 기업 자체의 성격에 의해서 규정되어야 한다.

개념적으로 볼 때, 단기 계획은 기업의 생산시설을 확장 내지 축소할 수 없고, 다만 생산능력의 효율성, 즉 생산시설의 가동률만 변경하여 그 효과가 영업성과에 나타날 수 있는 정도의 기간을 의미한다. 이에 반해 중기 계획은 기업이 생산시설을 확장 내지 축소하여 그 효과가 영업 성적에 나타날 만큼 시간의 여유를 주지만, 새로운 경쟁자가 나타나거나(생산시설의 신설) 기업이 사업을 포기할 만한(생산시설의 폐쇄) 시간의 여유는 주지 않는 기간이다.

마지막으로 장기 계획은 경쟁자가 나타나거나 기업이 사업을 포기하고 또한 그 효과가 기업의 영업 성적에 반영되기에 충분한 시간이 허용되는 기간이다. 따라서 장기 계획이란 한 기업이 신규사업 부문에 참가하여 거기에서 충분한 수익을 올리거나 기존사업으로부터 빠져 나오기에 충분한 기간을 의미한다.

최근 기업들의 영업 계획은 중장기 경영 계획에 근거한 연간 계획으로 자리매김하고 있는 추세다. 즉, 경영 계획을 구체화하기 위한 실행 계획의 일환인 것이다. 실행 계획에는 영업 계획, 생산 계획, 자금 계획 등이 있으며, 그것들은 영업 계획을 근거로 책정된다. 그뿐 아니라 영업 계획의 작성은 경영 전반에 영향을 미치는 상당히 중요한 작업이다. 현재 상태보다 한 단계 높은 수준의 손익구조로 가기 위해서는 영업 계획의 작성은 필수적이다.

경영 계획에 근거하여 작성된 영업 계획은 먼저 종합 영업 계획으로 정리한다. 종합 영업 계획이란 시장이나 자사의 판매력을 분석한 후, 목표이익이나 목표매출액을 기업 전체의 계획으로 정리한 것이다. 따라서 이 작성에 관련되는 사람은 경영진이나 본사 스텝이 중심이 된다. 이에 따라 기업의 매출 예산, 즉 목표수치가 결정된다.

여기서 주의할 것은 목표치를 설정할 때의 방법과 순서다. 목표치의 설정 방법에는 경영진이나 본사 스텝이 설정한 수치를 영업 부문에 지시하는 하향(top–down) 방식과, 영업 부문이 세운 영업 목표를 보고하는 상향(bottom up) 방식이 있다.

하향 방식에서는 중장기 경영 계획에 따른 수요가 영업 계획에 직접 반영되지만, 영업 부문에서는 강요된 목표로 비치기 십상이다. 반면 상향 방식에서는 시장의 실태를 반영한 현실적인 목표치가 설정되어 각 영업 담당자의 달성 의욕도 커지게 된다. 그러나 영업 부문에서 작성한 목표는 종종 기업 전체의 요구 수준에 미치지 못하여 영업 계획 작성의 의미가 반감되는 경우도 있다.

따라서 하향식과 상향식의 중간 방식을 생각할 필요가 있다. 즉, 기업으로서 필요예산을 설정하고 그 수준을 기본으로 하여 영업 부문에서 올라온 목표치를 조정하는 것이다. 이 조정 작업에는 시간과 노력이 소모된다. 하지만 전사적인 의견 일치 확보는 최적의 영업 계획을 작성하여 그것을 실행에 옮기기 위해 반드시 필요하다.

종합 영업 계획은 기업 전체의 매출목표는 알 수 있지만, 무엇을, 누구에게, 얼마나 팔면 되는지 구체적인 영업 활동의 방향성은 알려주지 않는다. 그렇기 때문에 이 종합 영업 계획을 담당자별, 고객별, 상품별 등으로 세분화할 필요가 있다. 이것을 개별 영업 계획이라고 한다.

개별 영업 계획은 영업 부문의 책임자 및 관리자들, 나아가 영업 최일선의 담당자가 중심이 되어 작성한다. 여기서 중요한 것은 앞서 기술했듯이 개별 영업 계획이 단순히 영업 부문의 담당자가 제출한 목표치를 누적해 가는 것이 아니라는 것이다. 개별 영업 계획은 전사적인 경영 방침이 반영된 종합 영업 계획을 근거로 작성, 조정되기 때문에 담당자로부터의 누적 수치를 집계한 것과 반드시 일치하는 것은 아니다.

Chapter 4

스텝 부서와 조정하라

종합 영업 계획은 경영진의 경영 방침 아래에서 목표이익을 설정하고, 그것을 달성하기 위한 매출액을 결정하는 것이 중심이 된다. 이것은 영업 계획의 큰 틀이라고 할 수 있으며, 중장기 영업 계획이나 관련 부문의 조정이 필요하다. 또한 실제로 달성 가능한 목표인지의 여부에 대한 시장 동향이나 자사 영업력을 분석하는 것도 중요하다.

아무리 보기에 좋은 영업 계획도 실현될 수 없다면 그림의 떡에 지나지 않는다. 본래 영업 목표는 판매 예측에 따라 설정되고 영업 목표와 판매 예측은 동등한 관계에 있다. 그러나 실제로 양자 사이에는 큰 차이를 보이는 사례가 적지 않다. 그 이유는 다음과 같다.

① 영업 부서는 수요 예측이 어렵다.

판매 예측은 수요 예측을 근거로 하지만 수요를 파악하는 데에는 객관적인 데이터의 분석이 필요한다. 그러나 영업 담당자들은 대부분 일상의 영업 활동에 쫓겨 데이터 분석에 필요한 시간이 부족하다.

② 스텝 부서는 판매 예측이 어렵다.

스텝 부서는 데이터를 분석하고 어느 정도의 정확성으로 수요를 예측할 수 있다. 하지만 영업 현장의 실정을 모르기 때문에 수요 예측을 판매 예측과 연관시키는 것이 어렵다.

③ 영업 부서는 낮추는 경향이 있다.

영업 부서는 영업 목표 달성율로 평가되기 때문에 목표를 낮게 설정한다. 따라서 목표를 뒷받침하는 판매 예측도 낮게 예상하는 경향이 있다.

실효성 있는 영업 계획을 작성하기 위해서는 스텝 부서와 영업 부서의 의견 조정뿐 아니라 경영진의 생각을 확실히 해둘 필요가 있다. 예를 들면 판매 예측에 맞는 매출액을 달성해도 기업을 유지할 수 있을 만큼의 매출 총이익을 확보할 수 없다면, 경영진은 지속적으로 매출 목표를 끌어 올림으로써 어떻게든 이익을 올리려 할 것이다. 그러나 영업 목표는 영업 계획을 작성하는 과정에서 설정하지 않으면 안 된다. 영업 담당자에게 과도한 영업 목표를 제시한다고 해서 성과가 올라가는 것은 아니다. 영업 목표는 희망적 관측을 근거로 하거나 궁여지책으로 책정해서는 안 된다.

회사 내 의견 차이는 영업 계획의 작성을 시작하기 전에는 되도록 배제해야 한다. 이를 위해서는 먼저 전사적으로 영업 계획의 중요성을 이해할 필요가 있다. 그리고 영업 담당자 한 사람 한 사람이 수요 예측과 판매 예측을 할 수 있는 시스템을 구축해야 한다. 즉, 영업 부서가 관리 부서와 연계하여 중요 동향을 정확하게 포착할 수 있는 체제를 만드는 것이다.

이러한 조직 개혁은 대기업뿐만 아니라 중소기업에도 요구된다. 더욱이 경영진은 안이하게 영업 목표를 높이지 말고 손익구조의 근본적인 재검토나 새로운 영업 전략을 고민하는 데 전력을 기울여야 한다.

Chapter 5

계획에 따른 필요 인력을 확보하라

많은 영업 관리자들이 경쟁력 없는 영업 담당자들과 일한다. CEO나 CFO(Chief Finance Officer)는 영업 관리자들이 1년 앞서 인력 수요를 미리 예측해 영업 담당자를 채용하거나 회사 내에 실적이 없는 영업 담당자들이 오랫동안 근무하는 것을 용납하지 않는다.

일부 영업 관리자들은 첫 분기가 시작될 때까지 영업 담당자를 충원하지 않는다. 또한 이직률도 고려하지 않는다. 그래서 결국에는 넘치는 할당량을 주체하지 못해 어쩔 수 없이 채용을 하는 상황에 이르게 된다. 결과적으로 영업 관리자들이 영업 담당자들에게 할당량을 무리하게 부가하는 것이다. 영업 담당자들 중 누군가가 무능한 하위 20%의 몫을 상쇄시켜 줄 것이라는 막연한 희망을 가지고 있을 뿐이다.

대부분의 영업 관리자들은 적어도 2가지 정도의 시행착오를 하고 있다. 첫 번째로 무능한 영업 담당자를 계속 영업 부서에 근무시키는 것이다. 두 번째는 무능한 영업 담당자에게 계속 실적에 대한 책임을 묻는 것이다. 이러한 현상은 나머지 영업 담당자들의 의욕까지 상실하도록 할 뿐 아니라 자신도 관리자로서의 역할을 점점 포기하게 만든다.

영업 담당자들은 경영자나 CFO가 생각 없이 그저 더 많은 매출을 올려야 한다는 생각에 바탕을 두고 책정한 무리한 할당량 때문에 이직을 고려한다. 사실 이와 같이 잠재력에 대한 분석 없이 영업 할당량만 증가시킨다고 해서 매출이 올라가지는 않는다. 그것은 오히려 이직률과 할인율만 증가시킬 뿐이다.

재무 전략이 영업 전략에 영향을 미치면 항상 실패할 수밖에 없는 계획을 세우게 된다. 그리고 만약 개인에게 할당량을 무리하게 부가하여 의욕을 저하시키거나 이직률을 높인다면 수익은 현저히 떨어지게 된다. 해결 방법은 충원 계획 및 과정을 개선하는 것이다.

자리가 날 때까지 기다렸다가 절박하게 채용하는 것은 가장 옳지 못한 방법이다. 이 방법은 시장 상황에 맞추어 그 분야에서 필요한 지원자만 찾아내는 것으로, 이렇게 해서 적합한 사람을 채용할 확률은 매우 희박하다. 성급한 채용은 많은 대가를 지불하게 한다.

이런 경우 가장 좋은 방법은 영업지원자 풀을 만드는 것이다. 지원자의 네트워크를 형성하는 데 몇 년이 걸리겠지만, 이 방법은 미리 대책을 강구할 수 있는 훌륭한 방법이다. 이런 풀은 우연히 만들어지지 않는다. 모든 영업 관리자들은 교류나 정보를 통해 수십 명의 영업 지원자 목록을 가지고 있어야 한다. 그래야 언제든지 즉시 적합한 인원을 충원할 수 있다. 삼성그룹 이건희 회장은 CEO들에게 우수 인재 확보 목표를 부여하고, 그것을 인사고과에 반영했다고 한다. 이러한 인재 욕심이 오늘의 삼성을 있게 한 요인 중의 하나라고 보는 시각이 많다.

영업 관리자인 당신의 인력풀은 어떤가?

목표 관리 체계를
새롭게 정비하라

PART 5

Chapter 1

강한 동기를 부여하는
전략적 목표 수립

매 출에 대한 숫자를 정할 때 '어떤 관점에서 목표를 설정하는
가?', '누가 어떤 목표를 설정하는가?'가 분명치 않은 경우가
많다. 기업은 목표 집단이기 때문에 목적을 실현하기 위한 방향이 필요
하다.

목표의 정의는 '기대하는 성과'이다. 목표 설정에는 구체적으로 다음
과 같은 기준이 필요하다.

- 무엇을 : 어떠한 성과 또는 결과를 지향하는가?(성과, 결과의 내용)

- 얼마나 : 달성해야 할 수준이나 상태는?(정량적 수준, 정성적 상태)

- 언제까지 : 시간 축이 어떠한가?(기한, 달성 시기)

중요한 점은 쌍방의 기대치를 명확히 파악하고 그것을 서로 향상시키는 것이다. 목표 관리란 상대에 대한 기대치를 설정하는 데서부터 시작되지만 이를 잘 지키는 기업은 드물다.

기대치는 위에서부터 시작되어야 한다. 먼저 '사장이 임원에게, 임원이 중간 관리자에게, 관리자가 직원들에게'라는 식으로 기대를 표현해야 한다.

기대치를 업무 속에서 구체적으로 실현하는 것이 목표 관리다. 영업 담당자들은 전략만으로 움직이지 않는다. 거문고의 현을 튕기듯 자극을 가하는 것이 조직을 관리하는 본질이다. 당신의 상사와 당신은 기대와 관련하여 어떻게 커뮤니케이션하는가?

거의 대부분의 기업들은 전년 대비로 목표를 잡는다. 전략의 정합성(整合性)과 시장의 측면에서 바라본 객관성이 매우 부족하다. 대부분은 경제 성장률을 바탕으로 경제적인 측면의 요구를 고려하여 결정한다. 나머지는 각 부문과 담당, 영업점에 숫자를 할당하는 것이 이른바 목표 설정이다.

조직과 자신에게 어떤 의미인지, 왜 그것을 달성해야 하는지 설명하는 사람도 많지 않다. 영업 관리자도 정확히 설명하지 못하는데 과연 일반 영업 담당자들이 그런 생각을 할 수 있겠는가?

I社도 PI 시스템을 도입하기 전까지 전년 대비 경영 계획(목표 수립)을 수립했다. 하지만 성장 일변도의 시대가 막을 내리자 주먹구구식의 목표 설정은 더 이상 제 기능을 발휘하지 못했다. 목표, 계획, 실적 사이의 괴리가 차츰 커지기 시작했다. 그래서 목표 설정의 전제를 명확히 하기 위해 이 책에서 주장하는 것처럼 영업 전략, 영업 계획, 시스템 등을 개선하고 거기에 연계시키는 형태로 목표 관리 제도를 도입했다.

과거에는 수치를 기준으로 회사의 목표를 잡고 각 사업 부문과 영업 담당에게 예산을 할당했다. 하지만 영업 전략을 기준으로 한 목표 관리 방식을 채택하자 다음과 같은 효과가 나타났다.

① 시장 성장률, 고객의 니즈 동향, 경쟁 상황 등 영역별 잠재력이 가미되었다.
② 부문, 영역, 팀, 상품, 고객, 거래선 가운데 어디가 중점 타깃인지 명확해졌다.
③ 각각의 조직이 내걸어야 할 생산성의 객관적인 지수와 계산식으로 산출할 수 있게 되었다.

〈그림 5-1〉 목표의 세부화 절차

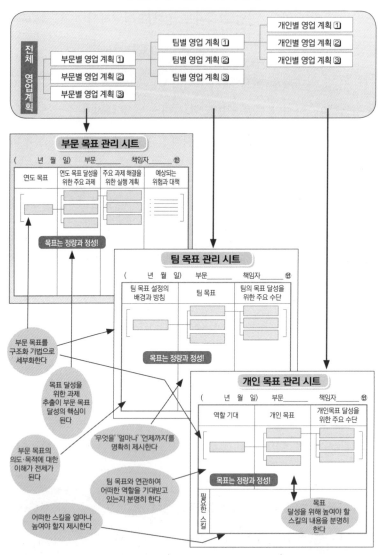

④ 실시 계획에 '확률(probability)'과 '과제(task)' 또는 '주기(cycle)'라는 개념을 도입함으로써 목표 달성의 구체적인 변수가 분명해졌다.

여기서 구체적인 목표 설정의 흐름을 살펴보자. 하나는 목표 관리 체계를 세부화하는 것으로서, 회사 전체에서 시작하여 부문, 팀, 개인으로 나아간다. 여기에는 각 틀을 사용하게 되는데 트리의 내용은 〈그림 5-1〉에서 보듯이 3가지 틀로 구체적으로 기술된다.

또 하나는 목표 항목이다. 매출, 이익, 판매 수량, 제안 건수 등 수치화를 할 수 있는 것이 정량 목표다. 회사 전체에서 시작하여 각 부문, 각 팀, 개인으로 내려간다.

다음은 정성 목표로서, 이것은 정량 목표를 실행하는 데 필요한 상황과 상태를 목표로 만든 것이다. '시장 지위를 모방자에서 창조자로 바꾼다', '신규 거래선을 개척한다' 등이 그것이다. 〈그림 5-1〉의 시트를 이용해 영업 부문 전체가 작성해 보는 것이 중요하다.

Chapter 2

목표 관리 제도의 재구축

목표 관리란 일반적으로 다음과 같이 정의된다.

목표 관리란 MBO(Management By Objectives through self-control)의 관점을 바탕으로,

① 조직의 목표에 근거해서

② 자기관리를 하면서(스스로 목표를 세우고 평가한다)

③ 기업과 자신의 목표를 달성하는 것이다.

교과서적인 내용이지만, 전하고자 하는 바는 다음과 같다.

목표 관리란 전략을 실행하는 과정이자 조직과 구성원을 관리하는 관점이며, 목표를 실현하기 위한 틀이다. 전략적 영업 관리의 핵심 제도로 중시되는 것이 바로 목표 관리다. 목표 관리 제도를 재구축할 때의 핵심은 목표 관리에 다음과 같은 제도를 연계시키는 것이다.

① 영업 전략 및 계획의 기획 시스템—전략 관리로 재구축

② 능력 개발, 교육—역량 모델에 의한 능력 개발

③ 평가, 급여—성과주의 시스템으로 이행

④ 보상—확률(probability)의 내용과 연계

목표 관리 제도만 단독으로 만들어서는 안 된다. 영업 전략과 계획을 어떻게 연계시킬 것인가가 중요하다. 그러기 위해서는 Tree, Budget, Probability, Task, Cycle이라는 방법을 잘 활용해야 한다. 또한 능력 개발, 평가, 급여 시스템, 보상 시스템을 영업 부문의 확률(Probability) 항목에 있는 타깃율, 방문 예약율, 방문율, 수주율과 연계시킬 필요가 있다. 아울러 매출 목표를 가진 영업 담당자와 팀장과 본부장에게, "이 정도의 방문율, 수주율을 달성해야 합니다"라고 분명하게 말할 수 있어야 한다. I社는 수주와 관련된 확률을 작성하고 명확히 함으로써 영업

담당자들의 의식과 행동을 크게 달라지게 할 수 있었다.

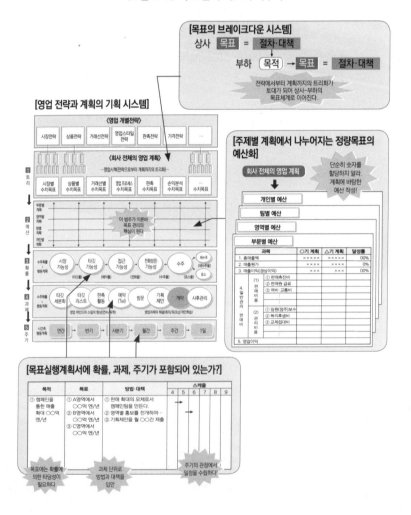

〈그림 5-2〉 목표 관리 제도의 재구축

Chapter 3

효과적인 목표 관리 시스템의 운영

I社는 과거에는 '매출 수치'에만 중점을 둔 목표 관리를 했다. 이것이 어떤 영업 풍토를 만들었을까? '무조건 이기는 게 최고', '방법에 상관없이 숫자만 채우면 그만'이라는 전략과 개인주의적인 분위기가 팽배했다.

이러한 상태에서는 '합리적이고 객관적인 목표를 수립하자'고 아무리 외쳐봤자 전략적이고 조직적인 행동이 나올 수 없다. 본질적인 부분을 바꾸려면 조직과 현장실태에 입각한 독자적인 운영 노하우가 필요하다. 그러나 이러한 독자적인 노하우를 가진 회사는 찾아보기 힘들다.

독자적인 노하우가 중요한지조차 제대로 인식하지 못하는 것이다. 다른 회사의 매뉴얼을 모델 삼아 거기에 맞추려고만 한다. 현장에서는 본사의 승인을 받을 만한 목표만 내놓는다. 영업 일선에서는 상사를 기쁘게 하려고 비현실적인 소설을 쓰는 경우가 종종 있다. 이것이 목표 관리의 현실이다.

현장 실태에 입각한 '노하우 만들기'에 대한 책임은 현장을 실질적으로 통솔하는 중간 관리자에게 있다. 이들이 주도하여 현장의 실적을 끌어 올릴 수 있는 노하우를 만들어야 한다. 이것이 바로 잭 웰치 회장이 거대 기업 GE를 작고 바르고, 고수익 기업으로 변화시키기 위해 도입한 '워크아웃'이다. 워크아웃이란 '훈련', '제거', '해결' 등을 뜻한다. 회의, 팀 활동, 훈련 등을 통해 스스로를 단련시키고 불필요한 것을 없애고 자주적으로 과제를 해결하게 만드는 것이다.

잭 웰치 회장은 워크아웃의 가장 중요한 목표를 "모든 종업원의 아이디어가 인정을 받고 모든 사람이 경영에 참가하는 기업 문화, 상사는 관리하는 자가 아니라 지도하는 자이며, 지시가 아니라 교육하는 기업 문화를 만드는 것"이라고 말했다. 말은 쉽다. 하지만 관료적 체질에 물든 조직이 갑자기 권한을 위임하고, 제약을 없애며 분위기를 활성화하려고 해봤자 불가능하다. 조직의 상부에는 쓸데없는 보고서를 만드느라 바쁜 사람과 변화에 저항하는 사람들로 북적인다. 또 조직의 하부에

<그림 5-3> 워크아웃 개념도

워크아웃 개념도

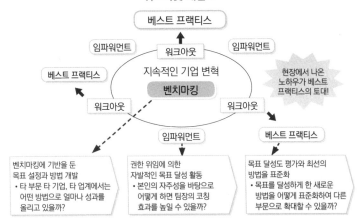

베스트 프랙티스

임파워먼트 워크아웃 임파워먼트

베스트 프랙티스

지속적인 기업 변혁

벤치마킹

현장에서 나온 노하우가 베스트 프랙티스의 토대!

워크아웃 워크아웃

임파워먼트 베스트 프랙티스

벤치마킹에 기반을 둔 목표 설정과 방법 개발
• 타 부문 타 기업, 타 업계에서는 어떤 방법으로 얼마나 성과를 올리고 있을까?

권한 위임에 의한 자발적인 목표 달성 활동
• 본인의 자주성을 바탕으로 어떻게 하면 팀장의 코칭 효과를 높일 수 있을까?

목표 달성도 평가와 최선의 방법을 표준화
• 목표를 달성하게 한 새로운 방법을 어떻게 표준화하여 다른 부문으로 확대할 수 있을까?

목표 관리 제도 도입과 운영에 대한 체크리스트

① 제도 도입	• 제도를 도입하는 목적이 분명한가? • 운용에 관한 검토 없이 도입에만 관심이 치우친 것은 아닌가? • 다른 회사의 모방이 아니라 자사의 풍토에 맞추고자 연구했는가? • 제도가 잘 정착되도록 도입단계를 고려하고 있는가?
② 제도 운영	• 절차와 규칙이 복잡하지 않은가? • 목표 관리 제도의 정착과 실력 향상을 위한 연수를 실시하고 있는가? • 목표 설정 시기가 업무가 가장 바쁜 시기와 겹치지는 않는가?
③ 목표 설정	• 목표 설정이 가능하도록 훈련을 실시하고 있는가? • 계수로 된 지표와 정보를 충분히 얻을 수 있는가? • 목표를 높게 잡으면 손해라는 인식이 널리 존재하지는 않는가?
④ 합의 형성/ 면접	• 관리자를 대상으로 코칭·평가자 훈련을 실시하고 있는가? • 목표 관리의 평가와 실적이 연계되어 있는가? • 평가자가 매우 전문적인 업무를 맡은 부하에 대한 목표 설정과 평가에 제대로 관여하는가?
⑤ 다른 제도와 연계	• 목표 관리가 본래의 기능을 잃고 인사고과의 대용품으로 전락하지 않았는가? • 예산제도와 목표 관리 사이에 정합성이 존재하는가?

는 해고당할까 염려하여 의견을 솔직히 말하느니 그저 자신의 일이나 하자고 생각하는 사람들이 많다.

잭 웰치가 취한 방법은 '직원들과 신뢰 쌓기', '직원들의 의견에 귀 기울이는 것을 관리자의 임무로 규정하기', '누가 잘하느냐가 아니라 무엇이 중요한가를 알 수 있도록 토론의 개념을 기업 전체의 과제 중 하나로 설정하기', '현장을 잘 아는 직원에게 권한을 위임하기' 등이었다. 잭 웰치는 이 워크아웃 제도를 10년 계획으로 도입하여 철저히 실천해 나갔다.

I社 또한 영업 본부장을 책임자로 정하고 이 워크아웃의 개념을 도입했다. 워크아웃과 관련된 목표 관리에는 공통점이 있는데, 그것은 현장을 중시하는 조직을 만들자는 것이었다. I社는 제도를 정착시키는 과정에서 직원들이 당황도 했고, 현실과 괴리된 점도 발견되었다. 하지만 이것을 모두 제도로 규정하는 것은 불가능하고, 또한 효율적이지도 않다. 현장 경험으로 문제를 풀고 자신만의 노하우 중에 규칙성과 범용성이 있는 내용을 공유하고 제도화하는 것이 가장 효과적이다.

운영 면에서 중요한 것은 3년 또는 5년 앞을 내다보고 미리 추진 계획을 잡고 제도의 정착 지점을 제시하는 것이다. 영업 담당자들이 새로운 제도를 이해하고 적극 실천하게 만들려면 워크숍 등을 개최하고 매뉴얼을 배포할 필요가 있다. 나아가 목표 설정의 기술, 실현을 위한 자주적인 추진 노하우, 평가, 자기향상 기법 등을 가르치기 위해서는 일정한 시간이 필요하다. 또 전략 수립, 평가, 급여, 교육 등 관련 제도와의 연계도 중장기적인 계획에 포함시켜야 한다.

I社는 3년 동안은 의식과 능력 면에서 영업 담당자들의 기술 향상을, 3~5년은 제도적인 개혁이라는 추진 계획을 입안하고 실천했다. 그 과정에서 중요한 것은 홍보, 이벤트, 연수, 거점 전개 등 각각의 추진 계획 속에서 독자적인 운영 노하우를 공유하는 것이다. 그 핵심은 모든 구성원들이 미미하기는 하지만 성공을 확실히 경험함으로써 차츰 변화의 에너지를 높인다.

Chapter 4

핵심 역량이 전략 실행의 관건이다

명확한 전략의 공통점은 핵심 역량이 명확해서 그것을 무기로 삼을 수 있다는 점이다. 핵심 역량이란 '고객에게 독자적인 편익을 가져다주는 회사의 핵심 능력'을 말한다. 무기도 갖추지 않고 '우리 회사의 전략은 이렇습니다'라는 선언만 내세우며 싸운다면 이기기가 어렵다. 이는 기업뿐 아니라 개인에게도 해당된다. 회사의 독자적인 핵심 역량에 비추어 개인이 갖추어야 할 역량도 독자적인 것이어야 한다.

I社의 예를 들면, '개발자적인 성격의 주문 생산'이 기본 전략이고, 핵

심 사업 제안, 프로젝트 제안, 시설 제안과 같은 분야의 제안력으로서 역량 강화를 도모했다. 따라서 영업 담당자들은 사업 운영, 프로젝트 관리와 같은 독자적인 스킬이 필요했다. '프로젝트 관리는 다른 담당자를 데리고 오겠습니다'라는 식이 되어서는 곤란하다. 프로젝트 관리까지 잘 아는 사람이 영업을 한다면 더 좋은 제안이 나올 것이다.

- 사우스웨스트 항공 : 일은 게임이다. 기발한 행동을 좋아하지만 기본에서 벗어나지 말라.
- 디즈니랜드 : 작업장은 무대이다. 우리는 고객을 즐겁게 만들기 위한 중요한 연출을 하고 있다.
- 노드스트롬 : 고객에게 "NO"라고 말하지 마라. 신화가 될 만한 서비스를 제공하는 것이 우리의 사명이다.

이들 각각의 기업에는 역량하면 이미지로 떠오르는 것이 있다. 이해 판단력, 절충력과 같은 기능을 규정하여 능력을 개발하는 것만으로는 기업의 핵심 역량이 강화되지 않는다. 기업 특유의 독자적인 역량이 필요하다.

역량의 기본 관점은 인재에 대한 벤치마킹이다. 높은 실적을 올리는 뛰어난 영업 담당자의 특성을 모델화하여 평가, 보상, 능력 개발, 채용,

배치 등 인사 관리에 중심을 두는 방법이다. 이를 위해서는 먼저 성과가 탁월한 영업 담당자를 자세히 관찰하여 어떠한 독자적인 능력과 스킬을 가지고 있는지 조사해야 한다. 그리고 〈그림 5-4〉의 역량 모델처럼 6가지 분야에서 경쟁력 요소를 역량 모델화하여 능력 개발과 평가, 보상 등에 적용해야 한다.

이는 이론 중심의 개념과 달리 실제로 일을 잘하는 사람들을 모델로 삼는 매우 실천적인 방법이다. 국내 기업들의 대부분이 교육과 훈련을 포함하여 조직의 인적자원 개발에 광범위하게 활용되고 있는 역량 모델적 접근은, 역량 개념의 모호성과 이론적 기반에 관한 비판도 만만치 않다는 점을 미리 말해둔다.

1990년대 중반 이후 우리나라 기업들의 인사관리 및 인적자원 개발 전반에 역량이 도입되어 활용된 것은 획기적인 변화였다. 역량 중심의 인적자원 개발이 도입된 것은 전통적인 직무 분석 접근에 기반을 둔 교육과정 개발 방법이 경영 환경의 급격한 변화에 필요한 조직 구조의 유연성, 직무 변화에 대한 신속한 적응, 전이 가능한 역량의 개발 등에 한계를 드러냈기 때문이다. 그러다 보니 조직은 높은 성과를 지속시킬 수 있는 조직 구성원의 역량 향상에 관심을 갖게 되었다.

역량의 개념 정의에 관한 논의는 기업의 인적자원 개발 부문에서 활용되고 있는 역량이 미래의 직무 성과를 얼마나 정확히 예측하고 있는

〈그림 5-4〉 역량 모델

분야	역량	내용
❶ 자기 관련 역량	① 자기관찰력 ② 자기통제력 ③ 자기표현력 ④ _____ ⑤ _____ ⋮	자기를 객관적으로 제3자 입장에서 볼 수 있다 _____ _____ _____ _____ ⋮
❷ 타인 관련 역량	① 대인감수성 ② 대인영향력 ③ 고객지향 ④ _____ ⑤ _____ ⋮	_____ _____ _____ _____ _____ ⋮
❸ 성과 관련 역량	① 성취 지향성 ② 문제처리 능력 ③ 도전정신 ④ _____ ⑤ _____ ⋮	
❹ 전략 관련 역량	① 전략적 사고 ② 논리적 사고 ③ 계수처리 능력 ④ 대안 설정력 ⑤ _____ ⋮	
❺ 정보 관련 역량	① 정보 수집력 ② 정보 분석력 ③ 정보 제공력 ④ _____ ⑤ _____ ⋮	
❻ 효율 관련 역량	① 시간관리 ② 원가 의식 ③ 계획성 ④ _____ ⑤ _____ ⋮	

제조업 A사의 사례

역량	내용
① 시장의 발전동향 파악능력 ② 시장의 발전흐름 창조력 ③ 사내외 인적 네트워크 ⋮	3~5년 뒤의 세트상품 설비의 나선형 발전구조를 이해하고 있다 ⋮

제조업 B사의 사례

역량	내용
① CS 동기유발 ② 고객 니즈 추출력 ③ 독자의 서비스 제공력 ⋮	고객의 기쁨, 웃는 얼굴을 자신의 기쁨이라 생각한다. 대화, 관찰을 통해 눈앞의 … ⋮

금융업 C사의 사례

역량	내용
① 각종 리스크 판단력 ② 고객별 합리적인 포트폴리오 ⋮	경제권, 국가별 리스크, 상품 리스크 등을 장기적·종합적으로 판단할 수 있다 팔아야 할 상품이 아니라 고객의 니즈에 맞는 상품의 포트폴리오를 합리적으로 설계할 수 있다 ⋮

지와 밀접한 관련이 있다. 역량을 행동 특성 또는 내적 특성으로 정의할 때, 그 특성이 미래의 직무 성과를 의미 있게 예측하지 못한다면 역량 접근의 효용성은 낮을 수밖에 없다. 그럴 경우 역량이 성과로 이어지는 과정에 개입되는 다양한 변인이 존재할 수 있으므로 어떤 변인이 어떤 방식을 통해 개입되는지를 확인할 필요가 있다. 역량의 개념 요소에 포함되지 않는 다른 변인이 직무 성과에 미치는 영향이 확인된다면 역량 접근에 대한 맹신을 경계해야 한다.

그럼에도 불구하고 국내 기업의 경우만 해도 100대 기업의 82%가 역량 모형을 구축하고 있고, 77%가 역량 평가를 실시하고 있는 것으로 나타났다. 역량 모형의 활용 영역도 다양해서 개인 역량 개발(28%), 승진(22%), 급여 및 인센티브(39%), 직무 이동(11%)에 이르기까지 폭넓게 활용되고 있다. 적용에 대한 판단은 당신 몫이다.

Chapter 5

목표 달성을 위한 전문성을 키워라

많은 사람들이 의외로 영업이라는 직종을 전문직으로 생각하지 않는다. 누구나 할 수 있는 일이라고 생각한다. 예를 들어 개발 부서에서 10년 동안 설계를 맡던 직원이 조직 개편 때 영업으로 가는 일은 있어도 그 반대의 경우는 없다. 대학에서도 경영학과와 마케팅 학과는 있어도 영업학과는 없다. MBA 출신 중에서도 영업을 전공했다는 이야기를 거의 들어보지 못했다. 왜 그럴까?

지금까지 영업에 대한 인식과 평가는 다른 전문직에 비해 매우 낮았다. 영업하는 사람들이라면 대부분 이 이야기에 동의할 것이다. 당신의 경우에 HR 파트나 회사 연수원에 따로 영업 담당이 있는가? 우리의 경우는 컨설팅이나 코칭 업무 외에 당연히 영업을 해야 한다. 예를 들면 고객을 개척하기 위해 메일을 보내기도 하고 방문 예약을 하기 위해 전화를 걸기도 한다. 그리고 첫 방문을 통해 이 조직은 어떤 문제를 가지고 있는지 찾으려고 안테나를 높이 세운다. 코칭이나 컨설팅 또는 연구 결과를 정리한 출판물 덕분에 문의 전화나 메일이 오기도 한다. 업무가 아무리 바빠도 우리는 영업 활동을 게을리 하지 않는다. 이것이 바로 영업이다. 영업 활동에는 다음과 같은 것들이 필요하다.

① 듣고
② 생각하고
③ 대화하고, 신뢰가 쌓이면
④ 문제를 파악하여 제시하고
⑤ 해결하고
⑥ 가치를 창출한다

고객은 여기까지 요구한다. 따라서 영업 담당자는 컨설턴트가 되어야 한다. 영업력이 강한 회사의 영업 담당자는 외부적으로는 컨설턴트인 동시에 내부적으로는 마케터다. 시장의 소리, 고객의 소리를 정확히 듣고 가설을 세우며 상대의 심금을 울리는 질문으로 가설을 검증하면서 잠재적인 니즈를 이끌어내야 한다. 상품이 자사에 없으면 개발팀을 움직여 상품을 개발하도록 할 만큼 힘이 있어야 한다. 사내 조정으로 시간을 허비하고 상사의 안색에 따라 움직이는 영업은 더 이상 의미가 없다.

성장일변도의 시대에는 물건을 만들기만 하면 팔렸다. 시장이 계속 확대되었기 때문에 신규 시장을 개척할 때에도 발 빠르게 움직일 수 있을 정도의 인원이면 충분했다. 하지만 지금은 마이너스 성장 시대이고 인구도 줄고 있다. 시장의 자연적 확대는 더 이상 기대하기 어렵다. 인터넷과 같은 새로운 유통 채널은 계속해서 늘어나고 있다. 그러므로 영업력을 갖추지 않으면 영업 담당자 모두가 실직을 당하는 사태가 올 수도 있다. 명함만 컨설턴트가 아닌, 전문성을 가진 컨설턴트의 자질을 갖추어야 한다.

강력한
프로세스를 구축하라

PART 6

Chapter 1

파이프라인을 관리하라

경로란 뭔가를 한쪽 끝에서 다른 한쪽 끝으로 전달하는 기능을 말한다. 영업에서 경로란 영업 기회를 수주로 전환하는 과정을 의미한다. 대개는 한쪽 끝에 있는 영업 기회 수가 수주로 전환되어 빠져나오는 수보다 훨씬 많기 때문에 이른바 깔때기 모양(〈그림 6–1〉 참조)을 띠게 된다. 따라서 깔때기 모양과 길이는 곧 수익성을 나타낸다고 볼 수 있으며, CRM을 통해 영업 자동화(SFA) 시스템을 구축한 회사들은 이것을 '파이프라인(pipeline)'이라고 부르며 체계적으로 관리한다.

이 깔때기 모양에 큰 영향을 미치는 4대 변수가 있다. 투입되는 영업 기회의 '질', 투입되는 '건수', 영업 단계의 '전환률', 영업 기회에서 수주로 전환되는 '승률' 등이 그것이다. 질과 건수는 얼마나 많은 양질의 영업 기회들이 발굴되고 있는가를 뜻한다. 또한 전환률은 영업 기회들이 다음 단계로 원활하게 진전되는가를 의미하는데, 판매되기까지의 속도라고 할 수 있다. 속도가 빠르면 그만큼 빨리 돈을 번다는 것이다. 승률은 말 그대로 계약률이다. 입수되는 정보와 영업 담당자의 활동도 많은데 계약률이 낮다면 큰 문제다.

이런 현상은 영업 기회 발굴에만 초점을 맞추는 경우에 흔히 발생하는데, 반드시 그 원인을 분석하고 시정하도록 하는 코칭이 필요하다.

고객의 유형을 규정하지 않고 사업을 운영하는 경우가 흔히 있다. 이는 경로를 명확히 하지 않은 것으로 시간과 자원을 크게 낭비하게 된다. 아무 고객이나 목표로 삼는 것은 그것 자체가 결국 목표에 부합하는 고객을 확보할 수 없다는 것을 의미하기 때문에, 미래에 큰 발전을 이루기 어렵다. 누구에게나 제품을 판매한다는 것 자체가 누구나 팔 수 있다는 것을 의미하기 때문에 특정 대상에게 판매했을 때보다 많은 이익을 실현하지 못한다. 따라서 대상을 명확히 하고 고객의 발전 가능성을 파악하는 것이 매우 중요하다.

그러기 위해서는 경로의 끝, 즉 영업 기회가 수주로 전환될 수 있는

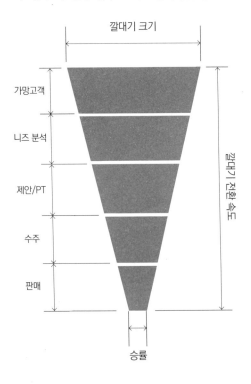

〈그림 6-1〉 깔때기(pipeline) 모양의 영업 경로

깔때기 크기

가망고객

니즈 분석

제안/PT

수주

판매

깔때기 전환 속도

승률

* 깔때기 모양은, 입구가 클수록, 단계별 병목 현상 없이 전환 속도가 빠를수록, 승률이 높을수록 좋다.

수단을 마련하는 것을 목표로 시작하는 것이 좋다. 달성하고 싶은 결과와 그 결과를 이루는 데 필요한 고객을 토대로 영업 경로를 관리해야 한다. 다음의 질문에 답해보라.

- 당신 회사의 이상적인 고객 믹스(customer mix)는 어떤 모습인가?

- 고객이 어디에 존재하는가?

- 새로운 분야에 영업 기회가 있는가?

- 핵심 고객과 기타 고객 사이에서 어떻게 균형을 맞추고 있는가?

- 파레토의 법칙(Pareto's Law, 80:20 법칙)이 적용되고 있는가?

- 핵심 고객에 대한 평균 지출 비용은 얼마인가?

- 그 외 고객에 대한 평균 지출은 얼마인가?

- 고객이 당신에게 구매하는 이유는 무엇인가?

- 무엇 때문에 고객은 당신에게 계속 구매하는가?

- 고객과의 관계가 얼마나 확고한가?

위의 질문에 답하는 과정에서 기억할 점은 영업 기회가 수주로 전환되기까지 영업 경로를 거치면서 이상적인 고객의 상태를 생각하는 것이다.

영업 활동 경로의 전환률을 높이는 방법

팀의 영업 경로는 관리의 중점 사항이나 조직 또는 영업의 특성에 따라, 가망 고객–니즈 발견–가치 제안–수주 또는 영업 기회–제안–PT–

수주 등의 단계로 세분화해서 관리할 수 있다. 여기서 다음 단계로 이동하는 정도를 나타내는 영업 활동 경로의 전환률을 주의 깊게 살펴야 한다. 전환률이 낮다는 것은 영업 단계가 진전되지 않거나 기회를 방치하고 있다는 뜻이다. 따라서 매출 저하를 비롯한 여러 가지 문제를 일으키게 된다. 그런데도 이를 모르는 경우가 적지 않다.

영업 관리자가 우선적으로 할 일은 영업 경로를 분석한 결과에 근거하여, 필요한 판매 실적을 달성하려면 얼마나 많은 영업 기회를 창출해야 하는지를 파악하는 것이다. 그리고 영업 담당자들이 자신의 경로를 최대한 유지하기 위한 영업 기회를 창출하도록 훈련시키는 것이다. 어떤 가치를 어떻게 제안할지를 말로 표현하면서 최선의 방법을 찾도록 하고, 필요하다면 직접적으로 판촉 활동에 변화를 주는 등의 노력과 지원을 해주어야 한다.

영업은 혼자 하는 것이 아니다. 주변의 도움이 필요하다. 영업 경로상의 문제를 해결하는 것 역시 자력으로 하기보다 다른 사람의 협조를 얻어 함께 다양한 전략적 대안들을 모색하는 것이 백배 효과적이다. 관리자도 그렇고 담당자도 그렇다. 그 속에서 영업 기회도 확대되는 법이다.

Chapter 2

바람직한 영업 모델을 구축하라

미국의 톱 세일즈맨들은 막대한 액수의 수수료와 보너스를 거머쥠으로써 아메리칸 드림을 실현했다. 이들은 대개 40세 이전에 퇴직한 후 여유 있는 생활을 즐기면서 컨설팅과 세미나, 출판물을 통해 후진을 양성한다. 이러한 사람들이 가지고 있는 무기 가운데 하나가 '로지컬 셀링 프로세스'이다. 한마디로 말하면 어떤 상품의 필요성과 가치를 고객이 납득하도록 논리적인 흐름을 만드는 이중화법, 즉 가설 제안형 영업이다. 그 4단계 프로세스는 다음과 같다.

① Commitment : 친목을 도모한다. 고객을 몰입하게 한다.

② Issues : 문제를 공유하고 원인을 추구하며 과제를 체계화한다.

③ Assumptions : 가설을 제시하고 검증한다.

④ Order : 주문을 받는다.

첫 글자를 따서 CIAO라고 하자. 잘 알려진 'SPIN 셀링' 프로세스도 CIAO 프로세스와 대동소이하다. 세계적으로 정평이 나 있는 영업 교육 전문회사들의 영업 프로세스 또한 CIAO를 크게 벗어나지 않는다.

CIAO는 논리적으로 상대를 납득시키는 영업 활동이다. 또한 신규 개척을 목적으로 하는 과정이기도 하며, 거래를 시작한 고객의 만족도를 높이고 회사의 점유율을 높이는 것을 목적으로 한다.

영업 담당자는 고객의 구매 프로세스를 도울 때 CIAO를 기반으로 하지만 절대 강요해서는 안 된다. 하지만 지금까지의 관례와 습관은 쉽게 변하지 않는다. 따라서 당연히 당신 회사 나름대로의 독창적인 프로세스를 만들어야 하고, 그 수립 과정이 중요하다.

우선 '회사의 바람직한 영업 모델'에 대해 질문해 보라. 지금까지 해온 방식이 아니라 향후 시장을 전망하고 거기서 고객이 가장 바라는 것이 무엇인지 파악해야 한다. 이 단계에서 위로는 최고 경영자에서부터 아래로는 담당자에 이르기까지 회사의 바람직한 영업 모델에 대해서 철저하게 논의하라. 그렇지 않으면 앞으로 만들 영업 프로세스가 '그림의 떡'이 되기 쉽다. 따라서 자사용 프로세스를 표준화함으로써 자신의 활동에서 부족하고 낭비적인 요소는 무엇인가를 객관적으로 파악해야 한다. 그것이 곧 자신의 영업 프로세스에 대한 척도가 된다.

대부분의 영업 담당자들은 'ㅇㅇ선배의 표준'이라든지, 'ㅇㅇ팀장의 표준'에 물들어 버린다. 누구 밑에 가느냐에 따라 능력이 좌우되는 것이다. 매우 중요한 사항이다.

당신이 경영자라면 영업 현장의 관리자급 관리자들에게 회사의 영업 프로세스 수립을 맡겨 보라. 지금까지의 성공 체험에서 나오는 프로세스가 아니라 앞으로 필요한 프로세스를 말이다. 항상 다음과 같은 장기적인 관점을 고려하면 된다.

- 시장이 어떻게 변할 것인가?
- 고객은 무엇을 요구하는가?
- 경쟁사는 어떻게 움직이고 있는가?

이렇게 하면 실제로 자신이 하지 못했던 것을 알게 되거나 자극을 받게 된다. 똑같은 틀이라도 그것을 어떻게 활용하느냐에 따라 차이가 나게 마련이다. 그러므로 되도록 현장에서 가장 잘 실천한 부분을 찾아내

회사 표준으로 삼는 것이 좋다. 이것을 한 번으로 끝내서는 안 된다. 시장과 환경에 부응하여 최고의 프로세스가 될 수 있도록 발전시켜야 한다. 당신이 찾아낸 프로세스는 영업 체계를 크게 바꾸는 역할을 할 것이다.

<그림 6-2> 자사 특유의 영업 프로세스 만드는 법

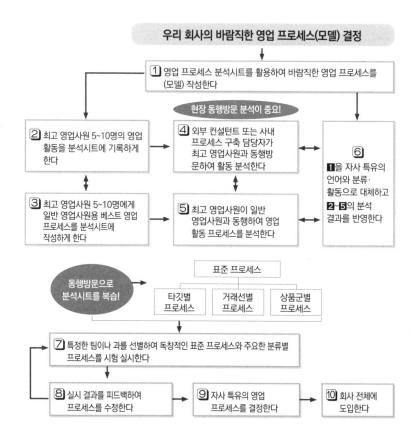

Chapter 3

제안서-마음은 담되
시간은 들이지 마라

I社 영업 본부장인 L은 "우리 영업 본부가 만든 제안서는 고객으로부터 호평을 받고 있고, 수주율은 거의 100%에 가깝습니다"라고 말한다. 그 때문인지 모르지만 고객들이 자주 이런 질문을 한다고 한다.

"우리 영업 담당자들도 이런 제안을 할 수 있으면 좋을 텐데, 그렇지 못합니다. 그런데 이걸 만드는 데 시간이 얼마나 걸렸습니까?"

아마도 파워포인트를 사용해 작성하는 데 상당한 시간이 걸렸다고 생각했을 것이다. 하지만 L본부장이 말하는 제안서 작성 원칙은 "마음은 담되 시간은 들이지 마라"였다. L본부장이 경험이 부족한 영업 담당자들에게 강조하는 몇 가지 사항은 다음과 같다.

① 첫 방문에서 "그러면 다음번에 제안서를 가지고 오겠습니다"라고 말해서는 안 된다. 이런 말을 할 수 있는 것은 상당한 경험을 쌓은 베테랑 영업 담당자뿐이다. 초보 영업 담당자의 경우, 다음에 다시 방문할 구실을 만들고 싶겠지만, 이것은 금물이다. 다음번 약속은 잡힐지 몰라도 상대가 정확하게 이해하지 못하면 역효과가 나기 때문이다.

② 무턱대고 숙제를 받아오는 것은 금물이다. "조사해 보겠습니다"라고 경솔하게 떠맡지 말라는 것이다. 다음번에 상대의 기대치를 뛰어넘는 제안서를 들고 가지 못하면 세 번째 만남은 없을 것이다.

③ 제안서를 몇 번씩 고쳐서는 안 된다. 핵심 이해 당사자의 문제의식을 파악하지 못했거나 고객 니즈를 찾아내지 못했을 경우에는 토론 내용을 중심으로 제안서 작성을 위한 자료를 준비한다. 상대의 문제의식이 명확하지 않을 경우에는 여러 개의 대안을 준비한다. 그리고 이번

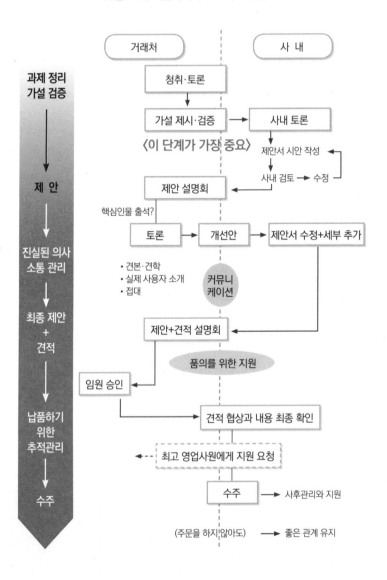

〈그림 6-3〉 제안에서 수주까지 프로세스

에는 그 가운데 한 가지 계획에 관해 먼저 자세히 정리해 보았다는 식으로 위험한 상태를 모면한다.

　다만 제안서를 만드는 단계에서는 반드시 영업 본부 담당 직원들과 토론을 하고 검토를 받는다. 직원들이 이해하지 못하는 내용은 상대방에게 다시 정확하게 확인하는 편이 좋다. 혼자만의 생각으로 추진하면 실패했을 때 왜 그런지 원인을 검토할 수 없기 때문이다. 원칙적으로 제안서는 설명회 직전의 면담에서 내용이 거의 결정되어 있어야 한다.

Chapter 4

피드백을 제공하라

피드백은 개인이나 그룹이 최근의 경험을 통해 학습하고 더 발전하는 데 도움을 주기 위해 필요한 상호 작용이다. 피드백의 목적은 성과를 향상시키고 능력을 높이기 위함이다. 피드백은 미래의 행동에 영향을 미칠 수 있는 과거의 행동에 대한 정보를 제공하는 일이다. 그 형태는 매우 다양하다. 설문조사, 이메일, 대화, 휴게실에서의 잡담, 혼잣말 등이 모두 포함된다.

긍정적인 경험이든 부정적인 경험이든 상관없이 솔직하고 분명한 커뮤니케이션과 행동을 할 필요가 있다. 피드백은 한 사람의 의견이나 생각이라기보다는 실제 일어난 일에 대한 반성이라고 봐야 한다. 시간이 지나면 피드백은 구체적이고 건설적이며 균형 잡힌 형태가 된다.

피드백을 제공하는 이유는, 첫째, 많은 관리자와 직원들은 서로 상반된 이해를 할 수 있고, 둘째, 목표와 성과에 대한 평가는 직원들의 헌신도와 책임감의 수준을 높이고 이해도를 높일 수 있기 때문이다.

피드백은 실무를 진행하는 데 가장 필요한 기술이다. 그런데 이 기술은 저절로 잘하게 되거나, 잘하고자 하는 열의가 있다고 되는 것은 아니다. 긍정적인 피드백을 주는 일조차도 잘되지 않는 경우가 많다. 관리자들은 직원들이 일을 못한다는 소리를 안 들으면 자기들이 잘하고 있다고 생각할 것이다.

어떤 관리자들은 직원이나 팀을 칭찬하는 것을 위선을 떠는 것으로 생각하기도 한다. 또한 긍정적인 피드백을 주겠다는 생각은 많이 하면서도 정작 그 일을 우선적으로 하지는 않는다. 이유야 어쨌든 오늘날 긍정적인 피드백을 찾아보기 힘든 것은 사실이다.

효과적인 피드백의 기술을 익히지 못한 관리자에게 직접 피드백을 받았던 직원들은 그 경험을 부정적으로 느끼거나, 애매모호한 내용과 속임수에 불과하다고 생각하거나, 피드백이 받는 사람을 비판하는 파괴적인 일이라고 여기기도 하며, 심지어는 피드백이 일반적인 이야기를 하는 것이 아니라 정황에 맞지 않는 엉뚱한 소리를 늘어놓는 일이라고 생각하는 경우도 있다. 이런 것들이야말로 효과적인 피드백의 반대 경우라고 할 수 있다.

성공적으로 피드백을 하려면 무엇보다 피드백의 기능과 효과에 대한 믿음이 있어야 한다. 피드백은 목표와 행동을 회사의 전략과 연계하면서 항상 기업의 이해를 기반으로 해야 한다.

회사의 전략이나 기업의 이해에 기반을 둔다는 생각 역시 피드백을 진행하면서 명심해야 하는 내용이다. 바로 이런 이유로 전략과 목표가 무엇인지 정확하게 규정하는 것이 중요하다. 전략과 목표가 명확하다면, 그 정도를 평가하고 그 기대치에 도달하는 시점을 알게 된다. 직원들이 작은 성공을 거둘 때마다 관리자는 이를 먼저 알아차려야 한다. 이런 성공에 대한 피드백은 자신감을 키워주고 열심히 하도록 동기를 부여하는 효과가 있기 때문이다.

오늘날 노동인력의 구성은 같은 조직 내에서도 갈수록 다양해지고 있다. 그러므로 직원들에게 전략과 목표에 따른 기대를 명확하게 전달하고 기업의 이해에 대해 설명하는 것이 매우 중요하다. 아주 간단해 보이는 몇 마디의 말도 직원들에게는 저마다 다른 의미로 다가간다.

예를 들어 직원들은 고객 중심이라는 말을 자신이 젖어 있는 기업 문화, 과거의 경험, 조직에서 담당한 역할에 따라 저마다 다르게 생각한다. 같은 말에 대한 해석이 다른 것이다. 고객 중심이라는 말을 다음과 같은 행동이라고 설명해야 한다.

"고객의 요구에 민감하게 반응하는 일이며, 문제가 있으면 끝까지 해결하려는 태도이고, 고객에게 최선을 다해 헌신하려는 것이며, 일이 늦어질 것 같은 경우 다른 대안을 제안해 주는 것이며, 고객의 기대를 넘어서는 서비스를 할 수 있도록 노력하는 것이며, 고객에 따라 스타일이나 접근 방법을 다양하게 하는 것이다."

이렇게 해야 기대하는 바가 무엇인지 직원들이 이해하게 된다. 효과적인 피드백은 의도적으로 매일 진행되는 활동이어야 한다. 영업 관리자들은 매일 영업 담당자들에게 많은 피드백을 준다. 하지만 의도를 가지고 피드백을 한 건지 아닌지는 전혀 다른 문제다. 의도적으로 피드백을 준비할 시간이 없고 기술이 없어도 영업 담당자들에게 피드백을 줄 수는 있다. 하지만 그런 경우 자신의 의도는 전혀 다른 메시지가 전달되기 십상이다.

피드백은 매일매일 섭취해야 하는 영양소와 같다. 만일 피드백의 중요성이 실감나지 않는다면 집안에 있는 모든 거울의 수를 세어 보면 어떨까. 아니면 이런 실험은 어떨까. 아내가 자신의 옷차림에 대해 물을 때 그냥 무시해 버린다. 또는 아이가 학교에서 만든 작품을 보여주고 싶어 할 때에도 그냥 무시해 버린다. 퇴근해서 돌아올 때 당신을 보고 반기는 강아지도 그냥 지나쳐 버린다. 계속 이렇게 생활하다 보면 어떤 결과가 나올까? 아마 불행한 상황이 그림처럼 그려질 것이다. 그때그때 적절한 피드백을 전달하는 능력이야말로 인간관계에서 가장 중요한 기술이다.

영업 관리자의 피드백이 영업 담당자의 성과에 미치는 영향과 관련한 우리(이태헌·구자원·김상범, 2017)의 연구에 따르면, 영업 관리자가 하는 결과 중심의 부정적인 피드백은 영업 관리자에 대한 신뢰에 부정적인 영향을 보였으며, 행동 중심의 긍정적인 피드백은 영업 관리자에 대한 신뢰에 긍정적인 영향을 미쳤다. 또한 피드백으로 인한 영업 관리자에 대한 신뢰는 영업 사원의 성취 욕구와 조직 몰입에 아주 긍정적인 영향을 미치는 것으로 나타났다. 결과적으로 영업 관리자의 피드백은 영업 담당자와의 신뢰 관계와 성과에 영향을 미치는 중요한 변수인 것이다.

당신의 피드백은 어떤가?

Chapter 5

정량화를 맹신하지 마라

로버트 카플란(Robert Kplan)과 데이빗 노턴(David Norton)은 1992년 《하버드 비즈니스 리뷰(HBR)》에 BSC 제도라는 개념을 게재했다. BSC 제도는 기업을 성공적으로 경영하기 위해 재무, 고객 만족, 내부 프로세스, 혁신과 교육 등의 4대 유형의 지표를 관리하는 것이다. 이러한 4개 유형은 기업의 전략적 지표를 관리한다. 또한 BSC는 전략 구현을 위한 내부 목표의 진척을 수치로 나타낸다.

그러나 BSC만으로는 새로운 전략의 실현을 지원하기에는 수준이 너무 높아 도움이 되지 않는다. 고위 임원들에게는 이러한 수준의 목표로도 충분하지만 일반 직원들에게는 시장 점유율이나 교육 예산 목표에 '무엇을 기여할 수 있을까' 하는 의문이 제기된다. 따라서 하위 단계의 관리지표인 KPI, 즉 핵심 성과 지표(Key Performance Indicator)의 설정이 필요하다.

BSC의 각 지표는 하위 지표로 분해가 가능하다. 예를 들어, 전체 판매량은 국가별 판매량, 국가별 판매량은 지역별 판매량으로 분해가 가능하다. 이렇게 지표를 하위 지표의 계층구조로 분해하는 것을 '상하위 정렬 KPI(Cascade)'이라고 한다. 이렇게 정렬된 KPI를 관리한다면 조직의 각 계층별로 전략의 구현 및 목표 달성을 측정할 수 있다.

우리가 지난 10여 년간 경험해 왔던 거의 대부분의 프로젝트에는 일정 부분 수치적인 성과 지표 정의가 포함되어 있다. 어떤 유형의 프로젝트에서든 지표의 사용이 매우 일반화되어 있기 때문에 이를 수집하고 모니터링하는 것에 대해서 의문을 품는 사람은 거의 없다. 어떤 과업을 달성하기 위해 일정한 지표가 필요하다는 것은 누구나 아는 사실이다. 그러나 지표에 대한 맹신은 금물이다.

다음 문장들은 컨설턴트들이나 외부 강사들이 자주 사용하는 레퍼토리다.

"측정할 수 없는 것은 관리할 수 없다."

"지표체계란 자동차의 대시보드와 같다."

"관리자들은 속도계를 통해 상위 작업의 진척을 파악하며 작은 경고등이 점멸하는 것으로 문제가 발생하였다는 것을 알 수 있다."

IT 활용으로 기업들이 다양한 지표 측정 및 모니터링을 위한 데이터의 수집과 리포팅 작업이 쉬워졌다. IT 시스템 도입의 첫 시작은 경영진을 대상으로 한 주요 지표의 진척을 표시하는 대시보드의 개발이었다. 그 후에는 SMART(Specific, Mesurable, Actionable, Result-oriented, Time-bound) 목표 설정과 성과 지표를 조직 상부와 하부 간에 연결하여 직원들의 인사고과를 수행하는 자동화된 성과 관리 시스템으로 진화했다.

그리고 경영진을 위한 대시보드가 대중화되고 웹 기술이 보급됨에 따라, 기업들은 이를 임원 계층에만 한정할 것이 아니라 직원 또는 부서 단위로 확장하고, 하부 단위에서 지표를 측정할 수 있는 별도의 대시보드를 만드는 구상을 하게 되었다. 이 대시보드 화면은 마치 기계의 제어판처럼 각 지표의 진척을 녹색등(정상 작동이라는 의미), 황색등, 적색등으로 표시한다. 즉 경영진과 관리자들은 직원들에게 일일이 작업 현황을 묻지 않아도 자신의 사무실에서 상황이 어떻게 돌아가는지 알 수 있게 된 것이다.

문제는 이러한 지휘 통제 체계의 관리 대상이 사람이라는 것이다. 인간은 기계처럼 작동하지 않는다. 사실 우리는 통제받는 것을 좋아하지 않으며 BSC와 같은 측정 체계가 예측하지 못한 방식으로 행동한다. 우리가 이러한 측정 체계로부터 배운 것 중 하나는, 어떤 지표를 선정하여 보상이나 처벌을 할 경우 어떻게든 그 지표에 대해 수치목표를 달성한다는 점이다. 다만 이를 위해 어떤 비용이 발생하거나 측정하지 않는 사업적 목표가 희생된다.

가장 쉽게 들 수 있는 예시는 수치 목표를 부여하는 경우가 잦은 영업 조직이다. 기업 중에는 영업 담당자들에게 고정급이 아닌 커미션 기반의 보상을 하는 곳이 많다. 즉, 더 많이 파는 영업 담당자가 더 많은 임금을 받는 것이다.

보통 영업 담당자들에게는 분기별로 목표 달성에 대한 인센티브가 부여되는 경우가 많다. 매 분기 말에 수주액이 최고점에 이르렀다가 분기 초에 뚝 떨어지는 것은 영업 관련 업무 종사자들에게는 친숙한 현상이다. 영업 담당자들이 분기 말 마감 이전에 고객의 발주를 이끌어 내기 위해 리베이트와 같은 별도의 보상이나 영업 촉진 활동을 하기 때문이다. 물론 이러한 프로모션이나 리베이트는 이윤에 영향을 미치지만 영업 담당자의 성과는 이윤으로 평가되지 않는 경우가 많기 때문에 그들은 신경 쓰지 않는다.

어떤 경우에는 영업 담당자들이 자신의 이익을 위해 이 체계를 오용하기도 한다. 우리가 목격한 가장 비참한 사례를 소개하겠다.

G社에서는 지역 담당 영업 관리자에게 매년 달성 불가능한 매출 목표를 부여했다. 게다가 목표를 달성하지 못하면 개인의 보너스만 삭감하는 것이 아니라 팀 전체의 성과급을 삭감하는 정책을 실시하려고 했다. 영업 관리자 입장에서 보면 자신에게 부과된 페널티를 감내하는 것도 힘든 일이지만, 열심히 일하는 영업 담당자들에게 매년 성과 부진으로 올해도 보너스도 받지 못할 거라고 이야기하는 것이 더 가슴 아픈 일이었다.

어느 해 이 관리자는 필요보다 더 많은 상품을 구매하도록 유통 대리점들을 설득하여 자신과 팀원들이 연말 목표를 달성할 수 있게 유도했다. 유통 대리점에는 팔지 못하는 상품들은 반품해 주겠다는 약속까지 했다. 이를 통해 그와 팀원들은 큰 보너스를 받았지만 해당 기업은 반년 후 폭증하는 반품으로 인해 어려움을 겪었다. 이 시점에서 해당 영업 관리자는 이미 사의를 표명했다. 이 기업의 잘못된 지표 체계로 인해 반품 상품들에 대한 감가상각비용뿐만 아니라 창고비용, 기타 수수료, 그리고 영업 담당자들의 악의적인 행동이라는 참사가 발생했다.

이러한 행위는 잘못된 행동이지만 애초에 이 지역 영업 관리자에게 현실적으로 불가능한 영업 목표를 부여한 것도 문제였다. 경영자가 침체하는 시장에서 두 자릿수의 높은 성장을 추구하고자 했기 때문이다. 아마도 이러한 사고의 배경에는 분명히 "높은 목표를 부여해야 영업 담당자들이 최선을 다할 겁니다"라고 제언한 임원이나 컨설턴트가 있었을 것이다. 사람들이 자신에게 할당된 수치 목표를 달성하기 위해 부정적인 행동을 하는 사례는 국내 영업 환경에서 어렵지 않게 찾아볼 수 있다.

또 하나의 사례는 매년 고객 만족 조사를 수행하는 어떤 부서에서 일어났다. 이 부서는 몇 년간 서비스 개선을 추진했으나 최근에는 서비스 수준이 정체되었다. 고객의 만족도는 여전히 높았지만 경영진에게서는 지속적으로 개선을 이루어야 한다는 압박을 받았다. 따라서 이전까지는 중도적 성향으로 처리했던 "만족하지도 불만족스럽지도 않다"는 답변을 긍정적 성향으로 분류하여 아무런 개선 활동이 없었음에도 불구하고 고객만족 지표를 높이는 조작 행위를 저질렀다.

기업이 지표를 사랑하는 이유는, 이것이 실재하는 굳건한 데이터라고 믿기 때문이다. 버릇처럼 외는 경영학의 주문 중 하나가 '숫자는 거짓말을 하지 않는다'는 것이다. 그러나 이 말은 지표를 감독, 수집, 구성, 보고하는 것이 기계가 아닌 사람이라는 사실을 고려하지 않은 것이다. 지표는 객관적이지도 않고 거짓말을 할 수도 있다. 심지어 재무적인 지표도 마찬가지다. 재무란 과학이 아니라 의견이다. 재무적인 규칙이란 널리 인정되는 회계원칙을 의미할 뿐이다.

당신은 엔론(Enron Corporation)의 회계부정을 기억하는가?

지표는 통찰력을 제공하고, 알고 있는 지식을 개선하는 데 사용할 수 있다. 하지만 그 자체가 목표로 돌변하거나 관리 대상이 되어서는 안 된다. 기업은 지표로만 훌륭한 의사결정을 내릴 수 없으며, 오직 사람만이 훌륭한 의사결정을 내릴 수 있다. 그리고 영업 관리자나 담당자들이 훌륭한 판단을 내리기 위해서는 이들이 회사의 전반적인 목적과 우선순위를 이해하고 그 판단력을 개선하기 위한 도구와 지식을 확실히 알고 있어야 한다. 지표는 이 과정에서 분명 도움이 될 것이다. 그러나 경영을 지표로 대체하는 것은 정량화를 맹신하는 교조주의일 뿐이다.

코칭 문화로
전환하라

PART 7

Chapter 1

세일즈 코칭의 장애 요소

많은 회사들이 코칭의 중요성을 높이 평가하고 있으나 제대로 실행하지 않고 있다. 그 이유는 무엇일까? 우리가 무언가를 훌륭하게 수행하기 위해서는 기본적으로 그 일을 왜 해야 하는지(why), 만약 당위성이 있는 일이라면 무엇을 어떻게 해야 하는지(what & how)를 명확히 알아야 한다.

코칭의 장애 요인에 대한 글로벌 서베이의 결과를 〈그림 7–1〉을 통해 살펴보면, 상위 4가지 요인이 모두 영업 관리자들의 'why'와 'how'에 대한 이해의 부족에서 비롯되었음을 알 수 있다. 따라서 기업의 교육 관련 부서는 이러한 문제를 해결해야 한다. 그중에서도 1순위로 꼽힌 것은 영업 관리자들이 바빠서 코칭할 시간이 없다는 것이다.

오늘날의 치열한 영업 환경 속에서 관리자들은 영업 담당자들을 관리해야 할 뿐만 아니라 직접 영업 활동을 해야 하는 경우도 종종 있다. 이처럼 관리자들이 성과와 직결되는 실무에 참여하는 시간이 많아지면서 코칭에 할애할 수 있는 시간적 여유가 없어졌고, 이어서 업무의 우선순위에서 밀려나게 된 것이다. 그러나 뛰어난 관리자 한 명의 능력 개발과 다수의 영업 담당자들의 역량 개발을 통한 성과 향상 중 장기적인 관점에서 조직의 성과를 향상시키고, 유지하기 위해서 어느 쪽이 더 중요한지를 다시 한 번 생각해 볼 필요가 있다.

국내의 설문 결과도 크게 다르지 않다. 그러나 한 가지 재미있는 것은 글로벌 서베이에서는 영업 관리자들이 '코칭이 필요하지 않다고 느끼거나 싫어한다'는 항목에 '그렇지 않다'는 응답이 높게 나타난 반면, 국내에서는 '다소 그런 편이다'는 응답이 더 높게 나왔다는 점이다. 이와 같은 결과에는 여러 가지 이유가 있겠으나, '영업 관리자들의 코칭 스킬이 능숙하지 않다'와 '코칭하는 방법을 모른다'가 높은 점수를 받은 것으로 보아 코칭을 하는 영업 관리자들도 자신들에게 별로 도움이 되지 않는다고 생각한 것으로 추측할 수 있다.

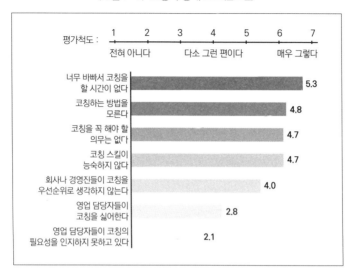

〈그림 7-1〉 코칭의 장애 요소(글로벌)

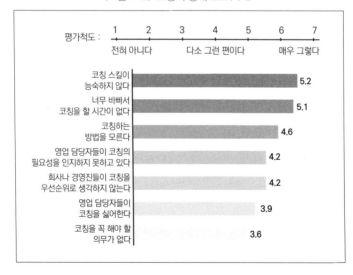

〈그림 7-2〉 코칭의 장애 요소(국내)

코칭이 영업 성과를 향상시키는 결정적인 도구라면 왜 그토록 많은 기업들이 실제로 코칭을 활용하는 데 어려움을 겪을까? 대부분의 영업 조직은 성과를 향상시키는 도구를 찾는 데 혈안이 되어 있다. 그들이 보기에 코칭은 쉽게 받아들이고 수행할 수 있는 도구처럼 보인다. 그런데 코칭을 해서 성공을 거둔 조직은 소수에 불과하다. 우리가 십수 년간 영업 조직을 대상으로 연구하고 경험한 결과에 따르면, 조직 내 세일즈 코칭의 성공을 가로막는 요인으로는 다음과 같은 것들이 있다.

① 업무 압박
② 부적절한 모델
③ 코칭에 대한 두려움
④ 보상과 강화의 부족

이들 장벽은 대부분의 영업 조직에서 거의 동일하게 존재한다. 이 문제를 좀 더 자세히 들여다보자.

Chapter 2

업무 압박

많은 영업 조직들이 코칭에 대해 입에 발린 소리들을 한다. 국내 굴지의 대기업에서 우리의 책을 보고 코칭에 대해 특강을 해 달라는 요청이 왔다. 우리는 특강을 하기 전에 사전에 현장 실무자들과 인터뷰를 해보고 상황을 파악한 후, 니즈에 맞게 강의안을 구성하는 것을 원칙으로 삼고 있다. 그러다 보니 시기가 임박해서 요청이 들어오는 경우에는 아무리 강의료를 많이 준다 해도 거절하는 편이다.

S社도 예외는 아니어서 우선 현장 임원을 인터뷰했다. 그는 코칭에 대한 지식과 이해가 풍부했고, 자신이 맡고 있는 영업 조직 또한 코칭

교육을 수차례 받은 바 있으며, 실제 현장에서 코칭이 이루어지고 있으니 코칭에 관한 기본적인 내용보다 좀 더 심층적인 이야기를 해달라고 요청했다. 그런데 영업 관리자들과 인터뷰를 하자 상황은 완전히 달라졌다. 그들은 전혀 코칭을 하고 있지 않았다. 한 영업 관리자는 이렇게 말했다.

"제가 맡고 있는 영업 담당자만 20명이 넘습니다. 그들과 하루에 한 번씩 통화하기도 힘든 게 현실입니다. 그뿐 아니라 당장 처리해야 할 일들도 쌓여 있습니다. 임원이 주관하는 영업 실적 회의에 참석해야 하고, 그러기 위해서는 분석도 끝내 놓아야 하고, 마케팅 부서와 생산 부서와의 회의도 해야 하고, 그밖에 정리해야 할 일들도 많아 코칭을 수행할 시간이 없습니다."

안타깝게도 그 조직의 영업 관리자들은 대부분이 단기적인 업무의 압박으로 코칭은 언제나 우선순위에서 밀려난다고 말했다. 실제 우선순위에서 밀리면 코칭이 수행될 가능성은 거의 없다. 그렇다면 업무의 압박을 줄이거나 없앨 수 있는 방법은 없을까?

아무리 진지하게 충고해도 이 문제는 쉽게 해결되지 않는다. 코칭이 중요하다는 사실을 최고 경영자가 깨닫고 직접 나서서 보여 주는 수밖에 없다. 즉, 관리자들에게 코칭의 수행에 관한 목표를 정해 주고, 이를 업무 평가 대상으로 삼아 보상을 제공해야 한다.

최근 몇 년간 제법 많은 국내 기업들이 이러한 것들을 실천하기 시작했다. 그 대표적인 예가 글로벌 제약회사인 A社다. A社는 영업 관리자들이 업무 시간의 상당 부분을 영업 담당자들과 함께 현장을 돌며 코칭을 실행에 옮기고 있다.

그런데 경영진에서 목표를 설정해 주는 것만으로는 충분하지 않다. 다른 업무의 압박을 물리치고 코칭을 수행해도, 그러한 영업 관리자의 노력에 적절하게 보상해 주는 조직은 거의 없다. 그 이유 중 하나는 코칭의 효과를 판단하는 기준을 정하기 어렵기 때문이다. 영업 조직에서 코칭을 하는 관리자들에게 적절한 보상을 제공하지 않는다면 그들이 과중한 업무를 뒤로 하고 코칭을 우선적으로 수행할 가능성은 매우 희박하다.

이 같은 업무 압박 속에서도 코칭을 실행하게 하는 한 가지 방법은, 우선 체계적이고 구조적인 코칭 프로세스를 구축하는 것이다. 기업이 영업 수행력을 향상시키기 위해 우리에게 도움을 청할 경우, 우리는 체계적으로 코칭 제도를 도입하는 것부터 시작한다. 실제로 효과적인 코칭 절차를 구축하는 데 반드시 외부 컨설턴트의 도움을 받아야 하는 것은 아니지만, 경우에 따라서는 큰 도움을 받을 수 있다.

코칭 절차를 수립하는 전형적인 과정은 다음과 같다. 먼저 영업 관리자들을 대상으로 영업 담당자들에게 코칭 스킬을 가르치고 코칭을 하겠다는 약속을 받아낸다. 다음으로 관리자들에게 제한된 숫자의 코칭 대상자를 선정하게 한다. 이처럼 코칭 절차를 수립하는 이유는 다른 업무보다 코칭을 우선시하도록 장려하기 위함이다.

또한 관리자들은 '영업 담당자 모두를 코칭하겠다'는 비현실적인 계획을 세우기보다는 실행 가능한 목표를 설정해 일주일에 한두 명에게라도 코칭을 실시해야 한다. 만약 시간이 한정되어 있다면 여러 사람을 코칭하기보다는 한두 사람에게 집중하는 것이 더 효과적이다.

그리고 영업 관리자가 코칭을 위한 동행 상담 또는 영업 전략에 대한 코칭을 몇 회 할 것인지, 각 세션에서 어떤 내용을 중점적으로 다룰 것인지 등 대략의 코칭 목표를 정하게 해야 한다. 관리자들과 한 달에 한 번씩 모여 코칭의 진척 정도를 점검하고, 까다로운 문제에 대해 논의하며 점차 코칭 프로세스를 개선해 나가는 것도 중요하다.

더 많은 코칭 시간을 확보하기 위해서는 영업 관리자들과 경영진이 먼저 코칭이 좋은 결실을 가져올 것이라고 확신해야 한다. 그러기 위해서는 코칭에 관한 성공 사례를 만들어야 한다. 성공 사례만큼 사람의 마음을 쉽게 움직이는 것은 없다. 성공을 증명해 보일 수 있다면, 관리자들은 경영진에게 업무 부담을 줄여 달라고 요청하기도 한결 쉬워지고, 코칭에 대한 자신들의 긍정적인 신념도 강화할 수 있을 것이다. 그리고 무엇보다 영업 담당자들이 관리자의 코칭을 적극적으로 수용하게 될 것이다.

코칭이 성공했다면 그것을 지속적으로 활용해야 한다. 성공적인 코칭을 받은 영업 담당자의 일화는 유용한 홍보 수단이 될 수 있으므로 가능한 한 널리 알려야 한다. 이처럼 코칭을 기업의 자원으로 활성화하기 위해서는 성공 사례를 널리 알리는 것이 중요하다.

Chapter 3

부적절한 코칭 모델

영업 효과성을 향상시키려면 먼저 성공적인 영업 활동에 대한 명확한 그림을 가지고 있어야 한다. 그러나 영업 관리자들 중 성공적인 영업 활동에 대한 모델을 머릿속에 가지고 있지 않은 경우가 종종 있다. 이들은 고객과의 상담에서 영업 담당자에게 무엇이 기대되는지, 어떤 행동을 개발해야 하는지 잘 모른다. 그러다 보니 아무리 영업 담당자들과 동행을 한다고 한들 코칭보다는 영업에 집중하기 십상이다.

코칭을 제대로 하려면 성공적인 영업을 하기 위해 영업 담당자들은 어떻게 행동해야 하는지에 대한 정확하고 구체적인 그림을 가지고 있어야 한다. 그런 그림이 없다면 코칭이 제대로 진행될 수 없다. 영업성과 요소에 대한 그림이 그토록 중요한 이유는 다음과 같은 이점을 제공하기 때문이다.

① 공통 언어

좋은 영업 모델은 영업 관리자와 영업 담당자 간에 신속하고 의미 있는 의사소통을 가능하게 한다. 세계적으로 영업을 잘하는 조직들은 대부분 영업 활동에서 일어나는 일을 묘사하기 위해 공통의 언어를 개발했다. 그 용어를 공유함으로써 서로의 경험을 더 정확하고 간편하게 소통할 수 있다. 공통의 언어가 없다면 코칭은 난해하고 의미 없는 과정이 될 수밖에 없다.

② 진단

영업 관리자가 영업 성과에 대한 명확한 그림을 가지고 있다면 영업 담당자들의 장단점을 훨씬 쉽게 진단할 수 있다. 훌륭한 영업 모델은 영업 관리자로 하여금 영업 효과성을 향상시키는 중요한 행동들에 주의를 기울이게 하며, 코칭을 통해 어떤 스킬과 행동을 개발해야 하는지 정확히 판단하게끔 돕는다. 성공적인 영업 모델 없이는 영업 담당자들이 어떤 행동을 강화하고 개선해야 하는지 진단하기 어렵다. 단지 영업 관리자의 주관적인 판단에 의지할 뿐이다.

그렇다면 어떤 모델이 가장 효과적이고 적절한 것일까? 만약 자체적인 모델을 가지고 있지 않다면 최근 나온 서적들을 참고하는 것도 좋다. 또 한 가지는 영업 담당자와 동행한 자리에서 어떤 행동이 효과가 있는지 주시하는 것이다. 효과적인 영업 모델은 '효과적인 영업 담당자의 행동 리스트'라고 간단히 정의할 수 있다. 영업 담당자에게 무엇이 가장 효과적인 행동인지 찾기 위해 관찰력을 발휘하라. 그것이 세일즈 코칭을 수행하는 첫걸음이다.

Chapter 4

코칭에 대한 두려움

성공적인 코칭을 가로막는 가장 흔한 장애물은 코칭에 대한 관리자들의 두려움이다. 코칭을 부담스러워하고 두려워하는 영업 관리자들이 의외로 많다. 그 두려움은 불확실성에서 비롯된다. 우리는 이동통신사인 K社의 영업 관리자들을 상담하면서 그들이 코칭을 실시하지 않는 이유를 알아내려 했다. 그래서 단도직입적으로 그들에게 이유를 물었다. 그러자 다음과 같은 대답이 나왔다.

"무슨 말을 해야 할지 생각나지 않아서 자꾸 꺼려집니다."

"질문하고 듣는 게 너무 어렵습니다."

"영업 담당자들 앞에서 바보처럼 보이고 싶지 않습니다."

"내가 무언가를 가르쳐 주기만을 기대하지 자신들이 뭔가를 생각하려 하지 않습니다."

코칭의 두려움에 대한 전형적인 반응이었다.

만약 코칭이 처음부터 영업 관리자 업무의 일부가 되지 않는다면 코칭을 시작하기란 쉽지 않다. 일단 코칭을 처음 도입할 때는 직원들 사이에서 어느 정도 반발이 일어날 수 있다. 더욱이 영업 스킬에 대한 코칭은 고객을 응대하는 영업 담당자의 행동을 영업 관리자가 지켜보기 때문에 양쪽 모두 불편할 수밖에 없다.

이러한 두려움은 코칭 트레이닝을 통해 도움받을 수 있다. 이때 한 가지 중요한 단서가 있다. 영업 관리자들을 대상으로 코칭 트레이닝을 할 때, 그들의 영업 담당자 역시 훈련 프로그램에 참가시키고, 그 기간 동안 관리자들에게 집중적으로 코칭을 받게 하는 것이다. 이렇게 하면 코칭 프로그램이 끝날 무렵에는 상호 간에 코칭 관계가 형성되어 영업 관리자와 영업 담당자 모두 코칭을 통해 무엇을 얻을 수 있는지 알게 된다.

그렇다면 도대체 왜 국내의 수많은 코칭 교육 프로그램들은 영업 관리자들만 교육시키고 담당자들은 제외하는 것일까? 사실 관리자들과 담당자들을 동시에 훈련시키면 상승작용의 효과를 볼 수 있고, 서로가 더 많이 배울 수 있다. 두 그룹을 각기 다른 장소에서 교육 또는 훈련을 시킨다면 영업 현장에서 각자 배운 것을 효과적으로 접목하기 어려울 것이다.

우리는 이미 세일즈 스킬과 코칭을 결합한 훈련 프로그램을 개발해 큰 성과를 거둔 바 있다. 이 프로그램은 기존의 영업 교육 프로그램들과 비교할 때 다소 시간이 걸리고 어렵다. 하지만 탁월한 성과를 감안한다면 노력할 만한 충분한 가치가 있다. 영업 관리자로서 코칭을 수행하기가 망설여진다면 다음과 같이 해보라. 좀 더 간단하고 효과적인 코칭이 될 것이다.

처음에는 영업 담당자 한 명을 대상으로 코칭을 진행한다. 성취욕과 변화에 대한 의지가 강한 긍정적인 영업 담당자를 선택하는 것이 좋다. 만약 영업 담당자의 세일즈 현장에 동행할 예정이라면 미리 역할 연기를 통해 코칭 연습을 해 보는 것이 좋다. 이때 중요한 것은 무엇을 관찰할지, 어떻게 질문할지, 무엇을 지지해 줄지 미리 작성해 보는 것이다.

코칭을 할 때는 자신이 재판관이나 심판이라는 생각을 가져서는 안 된다. 영업 담당자에게 도움을 주기 위해 그 자리에 있다고 생각해야 한다. 영업 담당자가 고객과의 상담을 마쳤다면, 검토하고 피드백 하는 것뿐 아니라 향후 효과적인 상담 전개 계획을 세우도록 도와야 한다.

Chapter 5

보상과 강화 부족

많은 영업 조직에서 볼 수 있는 코칭의 장벽 가운데서도 영업 관리자 개인이 해결하기 어려운 것들이 있다. 관리자가 코칭을 시행했을 때 상사로부터 격려받지 못하는 경우가 여기에 해당한다. 많은 이들이 코칭은 칭찬 말고는 어떤 보상도 받지 못한다고 생각한다.

실제로 코칭을 훌륭히 수행한 영업 관리자에게 성과급을 지급하거나 승진 기회를 보장하는 경우는 드물다. 물론 코칭에 따른 보상이 뒤따르지 않는다고 해서 그 조직이 코칭을 중요하게 여기지 않는다고 할 수는 없다.

코칭 수행에 대한 노력을 금전적으로나 경력으로 보상하지 않는 이유는 대개 회사 경영진이 코칭의 질적 수준이나 효과를 평가하는 방법에 대해서 확신이 없기 때문인 경우가 많다. 만일 회사가 코칭을 금전적으로 보상하기 어렵다면 코칭을 권장하는 다른 대안을 찾아볼 수도 있다. 우리의 경험으로 보면, 코칭을 영업 조직 내에 효과적으로 정착시키는 기업들은 다음과 같은 방법들을 활용하고 있다.

① 코칭을 업무 능력 평가에 포함시킨다.

영업 관리자의 업무 평가 항목에 코칭 수행을 포함시키면 회사 입장에서 코칭의 중요성을 전달할 수 있을 뿐 아니라 업무 평가 과정에서 코칭이 반영되는 것을 분명히 알 수 있다. 예를 들면, '관리자가 받는 월급의 20%는 코칭 수행 능력에 따라 결정된다'는 식으로 급여에 반영하는 것이다. 경영진이 코칭의 질적 수준을 판단하기는 어렵다. 하지만 적어도 관리자에게 코칭을 권장한다는 측면에서는 평가가 다소 정확하지 않다고 해서 큰 문제가 되지는 않는다.

② 적극적으로 코칭하려는 태도와 노력을 격려한다.

적극적이고 창의적으로 코칭을 격려하는 다양한 방법이 있다. 우리와 함께 일한 한 손해보험회사는 영업 관리자 전원에게 코치 자격증을 취득하게 하고, 취득 시 인센티브와 승진 시 가산점을 주었다. 영업 관리자들은 코칭 자격증을 취득하는 과정에서 기본 요건인 코칭 실습 시간을 채우기 위해서 자연스럽게 영업 담당자들을 코칭할 수밖에 없었고, 조직 내 코칭 문화 정착의 마중물 역할을 하게 되었다.

또한 코칭 수행과 관련해 관리자들 간에 경쟁을 유도하는 방법도 있다. 예를 들면, 매달 영업 담당자들이 코칭을 통해 얼마만큼, 어떻게 성장했는지를 평가함으로써 코칭을 수행한 영업 관리자들에게 '이달의 코치상'을 수여하는 것이다.

③ 영업 관리자들과 코칭 프로젝트를 한다.

우리와 일했던 K社의 경우, 영업 관리자들을 정기적으로 모아 코칭 계획을 작성하게 하고, 코칭 리포트를 일주일에 한 번씩 담당 코치들에게 제출하게 해서 일일 피드백을 받게 했다. 외부 코치들은 그것을 개별적으로 평가하고, 평가 자료는 사내 세일즈 코치 선발에 반영되었다. 이 과정을 진행하면서 관리자들은 정기적으로 만나 서로의 성공담과 문제점을 토론함으로써 유용한 정보를 공유할 수 있었다. 사실 우리와 같은 외부 코치나 컨설턴트의 도움 없이도 어떤 조직이든 나름대로 코칭 계획을 수립하고 점검할 수 있다.

한편 코칭 프로젝트를 함께 이행하는 또 다른 이점은 영업 관리자들이 영업성과에 영향을 미치는 행동을 함께 분석함으로써 효과적인 영업 모델을 구축하는 데 기여할 수 있다는 것이다. 이를 통해 조직은 자사에 적합한 영업 모델을 개발하고, 관리자들은 자신들이 참여해서 만든 영업 모델을 진정한 주인 의식을 가지고 이행하게 된다.

코칭을 가로막는 조직의 장벽은 코칭의 수행이 왜 어려운지를 잘 설명해 준다. 그러나 결단력 있는 경영자나 영업 관리자는 그 장벽을 극복하기 위해 부단히 노력할 것이며, 코칭이 영업성과 향상에 기여할 수 있는 환경을 조성해 나갈 것이다.

다음 장에서는 실전에서 영업 관리자가 어떻게 코칭을 할 수 있는지에 대해 자세히 소개하겠다.

효과적으로 관리하고
동기부여하라

PART 8

Chapter 1

챔피언과 함께하라

영업 현장에서의 코칭이나 컨설팅 또는 교육의 대상은 십중팔구 저성과자들이다. 핵심 인재들이나 예비 승진자 들을 대상으로 실시하는 경우도 없지는 않지만 드문 것이 사실이다. 이처럼 대부분의 기업들은 저성과자들을 변화시키기 위해 많은 시간과 비용을 투자한다. 이는 그들로 인한 고민이 크다는 사실을 보여주는 것이다.

영업 관리자인 당신은 열등한 영업 담당자와 유능한 영업 담당자 중 누구와 더 많은 시간을 보내고 있는가? 갤럽의 벤슨 스미스와 토니 루티글리아노에 따르면, 평범한 영업 관리자와 뛰어난 영업 관리자의 차이는 어떤 영업 담당자에게 시간을 할애하느냐에 따라 결정된다고 한다. 또한 평범한 영업 관리자들은 공평함의 신화를 믿는다고 한다. 모든 영업 담당자들은 같은 방식으로 관리해야 한다고 생각하며 편애하지 않으려고 노력한다. 하지만 유능한 관리자들은 다른 노력을 기울인다.

누구에게 초점을 맞출 것인가

〈그림 8-1〉은 유능한 영업 관리자들이 영업 담당들에게 어떻게 시간을 분배했는지를 보여준다. 이 그림에 따르면, 유능한 관리자들은 '생존자'들을 위해 10% 정도의 시간밖에 할애하지 않는다는 것을 알 수 있다.

그런데 일반 영업 조직에서 생존자 그룹에 해당하는 영업 담당자들은 30%에서 많게는 60%나 된다. 이들은 영업을 그럭저럭 해나가기에 충분한 스킬과 경험을 가지고 있는 사람들이다. 그러나 거기까지다. 현상 유지 단계에 머물러 그 이상 노력하지도 성장하지도 않는다. 이들에게는 시간과 노력을 쏟아 부어도 별다른 효과가 나타나지 않는다. 전이나 후나 마찬가지다. 이들의 실적을 높이는 유일한 방법은 의무 할당량을 높이는 방법뿐이다.

모든 것이 새로운 신입사원들에게는 당연히 관리자의 관심과 지원이 뒤따라야 한다. 관리자가 할 일이 많다. 하지만 몇 가지 훈련 프로그램을 활용하면 그들이 올바른 시작과 적응을 하는 데 필요한 모든 것을 어렵지 않게 제공할 수 있다. 아무튼 신입사원들은 관리자들이 두 번째로 많은 시간을 할애하는 중요한 사람들이다.

문제는 최악이라 할 수 있는 '낙오자' 그룹에 들어 있는 영업 담당자들이다. 단적으로 말하면, 최악의 영업 담당자들은 과감히 교체하는 것이 최선이다. 현실적으로 그럴 수 없다면 성장할 수 있게끔 도와주어야 한다. 하지만 많은 시간을 할애하지 않는 것이 좋다. 많은 시간을 들이는 것은 서로에게 비효율적이기 때문이다.

〈그림 8-1〉 유능한 관리자의 시간 배분

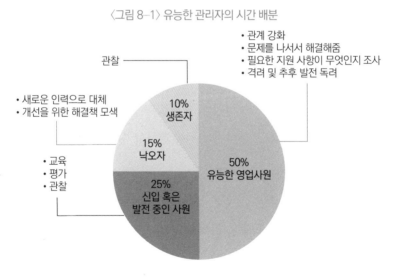

출처 : 벤슨 스미스(Benson Smith)·토니 루타글리아노(Tony Rutigliano), 2003
〈최고 판매를 달성하는 강점 혁명(Discover Your Sales Strength)〉

그런데도 이들과 함께 필요 이상의 시간을 보내는 관리자들이 많다. 그들의 생각은 이렇다.

'너무 비인간적이지 않습니까?'

'열등한 영업 담당자들과 함께 시간을 보내지 않으면 어떻게 그들이 성장하도록 도와줄 수 있습니까?'

'유능한 영업 담당자들은 더 가르칠 것도 없습니다.'

'개선의 여지가 큰 영업 담당자들과 시간을 보내는 것이 훨씬 효과적입니다….'

물론 열등한 영업 담당자들도 시간을 투자하면 많은 것을 배우고 성장할 수 있다. 그러나 엄연히 한계가 있다. 실패에서 배우는 것만으로는 성공에 대해 많은 것들을 배울 수 없다. 과제를 해결하는 방법들도 대부분은 잘못된 것들이며 제대로 된 것은 매우 드물다. 잘못된 것들을 가려내는 식으로는 결코 올바른 방식을 추구할 수 없다. 성공은 실패의 반대가 아니다. 둘은 그저 다를 뿐이다.

경영 현장을 돌아보면 '칭찬은 짧게, 질책은 길게' 하는 경우를 너무도 많이 접하게 된다. 엉뚱한 곳에 시간을 쓰는 경영자들이 많은 탓이다. 실적에 대한 철저한 원인 분석이라는 명분하에 서너 시간 동안 화장실도 가지 않은 채 영업 담당자들을 세워놓고 저조한 실적의 책임을 따진다. 주로 추궁과 질책의 소리가 난무한다. 대안이 발표되지만 궁색한 변명이나 재발 방지책 정도에 그치는 경우가 대부분이다. 그와 비슷한 풍경이 다음 달에도, 그다음 달에도 이어질 것이다. 바꿔야 한다.

유능한 영업 관리자들은 챔피언, 즉 유능한 영업 담당자에게 초점을 맞춘다. 그와 함께 가장 많은 시간을 보낸다. 그의 고민을 들어주고 필요한 것을 지원하는 데 소홀하면 안 되기 때문이다.

L社 지방 담당 영업 담당인 G는 회사 전체 영업 담당자들이 올리는 월 실적의 거의 절반을 달성하고 있었다. 놀랍다는 말밖에는 나오지 않는 대단한 실적이었다. 그는 특별했다. 통제받는 것을 극히 싫어했고 항상 자신의 존재를 인정받고 싶어 했다.

영업 관리자는 그런 G 때문에 적지 않은 스트레스를 받았다. 회사의 영업 정책이나 보상제도에 대한 불만이 많았고 지방 근무를 이유로 회의에 참석하는 것을 꺼렸다. 상대하기 쉽지 않은 그를 영업 관리자는 큰 문제가 없는 한 지지하고 격려하는 편이었다. 다른 영업 담당자들에게 시기의 대상이 되기도 했지만, 상상을 초월하는 근성을 가지고 노력하는 그를 보호하고 지원하는 일이 관리자의 역할이라고 생각했기 때문이다.

유능한 영업 담당자들은 강사가 아니라 청중을 좋아한다. 그들은 교훈이나 노하우를 알려주는 강사보다 자신의 업적을 증언해줄 사람들을 원한다. 영업 관리자의 역할은 그들이 바라는 인정과 보상을 해 주어 그들이 더욱 최선을 다하도록 만드는 것이다. 회의 시간에 칭찬을 하거나 공개적인 자리에서 시상을 하는 방법이 있다. 아니면 성공 사례 발표 등의 방법으로 사람들 앞에서 자신을 드러낼 수 있게 하는 것도 좋다.

벤슨 스미스와 토니 루티글리아노의 연구에 따르면, 영업 관리자의 관심과 배려가 영업 담당자의 실적을 20% 가량 개선시켰다고 한다. 반면에 관심이 줄어들면 실적도 그만큼 떨어졌다고 한다. 관리자로서 유능한 영업 담당자와 열등한 영업 담당자를 동등하게 대할 수도 있을 것이다. 그러나 회사 입장에서 볼 때 유능한 영업 담당자의 실적 20%는 평범하거나 열등한 영업 담당자의 20%보다 훨씬 큰 비중을 차지한다. 영업 관리자인 당신이 실적에 관계없이 계속해서 영업 담당자들을 같은 수준으로 대한다면 전체 실적이 점점 악화되는 상황을 맞게 될 것이다. 그래도 당신의 선택을 고수하겠는가? 그 선택이 조직에서 당신의 가치를 좌우할 것이다.

최강의 영업 조직을 만들고 싶은가? 유능한 영업 담당자와 더 많은 시간을 보내라.

Chapter 2

조직의 구멍을 관리하라

유능한 영업 담당자를 채용하는 것도 중요하고 영업 담당자들이 각자의 재능을 개발하여 성과를 내게 하는 것도 중요하다. 하지만 영업 담당자의 수를 적정하게 유지하는 것도 그에 못지않게 중요하다. 물론 일정 정도의 이직은 정상적일 뿐 아니라 영업 조직을 위해서도 바람직할 수 있다. 예를 들어 성과가 부진한 영업 담당자가 이직을 하고 그 자리를 새로운 아이디어와 역량을 가진 영업 담당자가 채워 준다면 조직에 활기를 불어넣을 수 있다.

그러나 이직률이 필요 이상으로 높아지면 영업적 손실이 커지므로 이를 방지하기 위한 조치를 취해야 한다. 특히 실적이 우수한 영업 담당자가 이직하게 되면 다시 원래 상태로 회복하는 데 오랜 시간이 걸리기 때문에 특별히 더 많은 노력을 기울일 필요가 있다.

영업 담당자가 이직하면 매출이 감소할 뿐 아니라 대체 인력 투입에 따른 비용이 증가하여 수익성이 악화된다. 따라서 영업 관리자는 평소에 이직과 관련한 업무를 우선적으로 수행하여야 한다. 이직과 관련한 영업 관리자의 역할은 후퇴 기간, 공백 기간, 적응 기간 등으로 나누어 살펴볼 수 있다.

후퇴 기간

영업 관리자는 평상시에 여러 정보원을 통해 이직 가능성이 높은 영업 담당자를 파악하려는 노력을 계속해야 한다. 정보원은 같은 회사의 영업 담당자일 수도 있고, 다른 회사의 사원일 수도 있다. 경우에 따라서는 경쟁사의 영업 관리자나 고객이 될 수도 있다. 또한 영업 실적의 추이를 통해 이상 징후를 감지한 후 영업 담당자 본인이나 주변인들을 통해 확인해볼 수도 있다.

이직을 고려하고 있는 영업 담당자가 실적이 좋지도 않고 발전 가능성도 희박한 경우라면 아무런 조치를 취하지 않을 수 있다. 하지만 실적이 우수하거나 지금은 평범하지만 발전 가능성이 큰 영업 담당자라면 신속한 조치를 취해야 한다. 그가 최종 결정을 하기 전에 불만 요인을 찾아 해결해줌으로써 이직하지 않도록 해야 한다.

공백 기간

이직으로 인한 매출 감소와 기회비용을 생각할 때 공백 기간은 최소한으로 단축시켜야 한다. 이직이 발생하고 나서 채용 절차를 시작하면 신입사원을 교육시켜 배치하기까지 많은 시간이 소요될 수밖에 없다.

영업 관리자는 과거의 이직 관련 통계자료를 분석하여 일정 기간에 발생하는 이직 규모를 예측하고 이를 바탕으로 평소에 일정 규모의 신입사원을 채용하여 교육훈련을 시키고, 이직이 발생하면 바로 배치할 수 있도록 해야 한다. 프로야구 구단에서 운영하는 2군에 비유할 수 있다. 1군 선수의 부상, 성적 부진, 갑작스러운 은퇴 등에 대비하여 2군을 적절히 활용하는 것이다.

B2B 영업을 하는 M사는 대형 빌딩의 자동제어 시스템 설계부터 시공까지 맡아 하는 기술영업 중심의 회사다. 전국에 영업 담당자를 두고 있는데, 어떤 구역도 혼자서 담당하는 일이 없도록 인원을 배치한다. 영업 담당자의 이탈로 인한 공백이 발생하지 않도록 해야 한다는 오너

의 강력한 의지가 반영되었기 때문이다. 이 회사는 수년 전 영업 담당 자들의 이탈 때문에 고객 정보 유출은 물론 서비스 공백으로 어려움을 겪은 후부터 재발 방지 차원에서 이와 같은 방침을 시행하게 되었다.

공백 기간에 특히 유의할 부분은 주요 고객에 대한 관리다. 고객들은 영업 담당자의 부재로 인해 소홀히 대우받고 있다고 생각되면 이 기회에 더 좋은 거래 조건을 제시하는 업체로 옮기는 것이 좋겠다고 판단할 수 있다. 특히 우수 고객의 경우에는 경쟁사가 공백 기간을 틈타 유치에 심혈을 기울일 가능성이 높으므로, 해당 구역을 담당하는 영업 담당

〈그림 8-2〉 이직으로 인한 기회비용

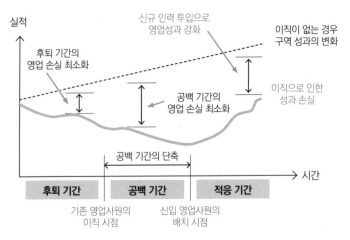

출처 : 앤드리스 졸트너스(Andris Zoltners)·프라바칸트 신하(Prabhakart Sinha)·셸리 로리모어 (Sally E. Lorimer), 성공을 위한 영업력 구축(Building a Winning Sales Force)〉

자가 없어도 주요 고객에 대한 관리가 소홀해지지 않도록 해야 한다. M사에서처럼 완충작용을 할 수 있도록 인원을 배치하는 것도 좋은 방법이다. 아무튼 영업 관리자는 고객과 관련된 정보들을 항상 파악하고 공유해야 한다.

적응 기간

영업 관리자는 새로 배치된 영업 담당자가 잘 적응할 수 있도록 적절한 도움을 주어야 한다. 잘 설계된 교육 훈련 프로그램을 통해 신입사원이 조직 문화에 적응하도록 돕는 한편, 영업에 필요한 지식이나 기술 등을 습득할 수 있도록 관심을 기울여야 한다. 또한 영업 현장에서의 세심한 코칭으로 현장 감각을 끌어올려 해당 구역에서 매출이 최대한 빨리 회복될 수 있도록 노력해야 한다.

우리는 과거 B社를 진단하는 과정에서 재능 있는 많은 신입사원들이 6개월도 지나지 않아 회사를 떠나는 것을 알게 되었다. 또한 이직하는 영업 담당자들과의 인터뷰를 통해 교육 훈련 부족과 영업 관리자들의 관심 미흡이 이직의 주된 사유임을 파악하게 되었다. 물론 영업 관리자들도 영업 담당자에 대한 교육 훈련과 코칭이 자신의 주된 임무라는 것을 알고 있었다. 하지만 회사로부터 영업 담당자들보다도 높은 실적을 할당받고 있어 관리 업무에 소홀할 수밖에 없었다.

우리는 이러한 상황을 개선하기 위해 영업 관리자의 개인 실적에 대한 부담을 없애고 관리자 본연의 임무와 관련된 부분의 보상 체계를 대폭 강화했다. 일례로 신입사원의 목표 달성 수준이나 담당 지역 매출 성장액 등을 영업 관리자의 보상 프로그램에 포함시켰다. 그 결과, 영업 담당자의 이직률을 줄이는 동시에 실적을 올리는 성과를 거둘 수 있었다.

국내 방문판매 시장이나 보험업계를 보면 영업 담당자들의 정착률이 매우 낮은 실정이다. 쉽게 들어오고 쉽게 나가기 때문이다. 이러한 회사들에서 영업 관리자의 주된 업무는 채용이다. 영업 담당자 확보 능력에 따라 평가와 보상을 받기도 한다. 그런데 영업 담당자의 유지나 육성에는 소홀하다. 회사의 관심 부분이 아니기 때문이다.

그러니 사원들이 들어와서는 마음을 붙이지 못하고 쉽게 나갈 수밖에 없다. 관리자가 채용에만 정신이 팔려 있는 판에 누가 사원들을 이끌어준단 말인가? 그러다보니 악순환이 멈출 줄을 모른다. 해법은 의외로 간단하다. 영업 관리자의 역할을 재정비하고 그에 대한 보상 제도를 개선하면 된다.

Chapter 3

금전적 보상이 능사가 아니다

금전적인 보상이 영업 담당자의 동기부여에 어떤 역할을 하는지 우리에게 질문하는 분들이 많다. 질문의 형태도 다양하다.

"급여를 더 주면 실적이 올라갈까요?"

"급여에서 인센티브 비율은 어느 정도가 적당합니까?"

"영업실적보다 이익에 따라 보상하는 게 옳지 않을까요?"

이 주제에 대해서 최근에 많은 이들이 논의를 하고 있다. 그중에서 알피 콘(Alfie Kohn)의 저서 『Published by Rewards』와 다니엘 핑크(Daniel Pink)의 『드라이브(Drive)』(2011)가 가장 유명하다. 알피콘에 따르면, 보상과 인센티브는 단기적으로만 효과가 있으며 장기적으로는 오히려 학습 및 내재적 동기부여를 방해한다고 한다. 다니엘 핑크 역시 업계 평균보다 약간 높은 고정급을 받는 직원들이 가장 높은 행복감을 보이며, 지식 근로자에게 보너스나 스톡옵션 같은 외부적 보상은 거의 효과가 없다는 연구 결과를 인용하고 있다.

두 저자 모두, 외재적 보상 체계가 배움의 욕망, 사회에 대한 가치 제공, 일을 잘하려는 내재적 욕구를 파악하여 직원들이 업무에 대한 창의성과 열정을 개발하는 데 큰 도움이 되지 않는다고 지적하고 있다. 어떤 작업에 대하여 금전적 가치를 결부시키는 것은 그 작업 자체가 무가치하다고 선언하는 것과 같다.

또 다른 부작용은 사고의 제한이다. 금전적 보상을 위해 현안 작업에만 집중하기 때문에 도움이 되는 다른 정보를 놓치고 측면적인 사고를 하지 않게 되는 것이다. 이와 관련해 흥미로운 실험 결과를 소개한다. 1945년 심리학자 칼 던커(Karl Dunker)가 문제해결 능력을 실험하기 위해 고안한 실험이다.

피실험자는 방에 들어가 〈그림 8-3〉처럼 압정이 가득한 상자와 성냥초가 올려진 책상을 보게 된다. 실험자는 피실험자에게 "양초를 벽에 붙여 촛농이 책상 위에 떨어지지 않게 하세요"라고 지시한다. 피실험자는 갖은 방법을 다 쓰지만 대부분 실패한다. 왜냐하면 이 문제를 풀려

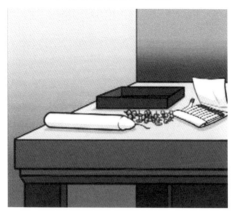

면 고정관념을 깨야 하기 때문이다.

이 실험을 프린스턴 대학의 심리학과 교수인 샘 글럭스버그(Sam Glucsberg)가 두 그룹으로 나눠서 실시했다. 한 그룹에는 이 문제를 푸는 평균적인 시간을 재겠다는 말만 했다. 다른 그룹에는 인센티브라는 달콤한 보상을 제시했다. 예를 들어, 상위 25%에 드는 사람에게 50달러를 주고 가장 먼저 푸는 사람에게는 200달러를 주겠다고 제시했다.

아무런 보상도 제시하지 않는 그룹과 보상을 제시한 그룹 중 어떤 그룹이 이 문제를 먼저 풀었을까? 놀랍게도 아무런 보상(인센티브)이 제공하지 않는 그룹이 보상을 제시한 그룹보다 평균적으로 3.5분이 빨랐다.

이 문제는 보통 10분 정도 생각을 하면 대부분이 푸는 문제다. 기존

〈그림 8-4〉 칼 던커 실험의 정답

의 고정관념을 깨는 창의력이 발휘되어야 문제의 답이 보인다. 압정이 가득한 상자는 압정을 보관하는 용도로 쓰이지만 그 압정을 상자에서 꺼내면 양초의 훌륭한 받침대가 된다. 〈그림8-4〉처럼 압정 상자를 벽에 붙이고 압정으로 고정한다. 그 위에 초를 올리고 불을 밝히면 문제가 해결된다. 사람들이 힘들어 하는 것은 저 압정 상자를 촛불 받침대로 쓸 생각을 못하기 때문이다. 창의적으로 접근해야만 문제의 답이 보인다.

이 실험에서 알 수 있는 것은 인센티브라는 보상이 무조건 좋은 것은 아니라는 것이다. 창의적인 작업을 하는 사람에게는 오히려 독이 될 수 있고 방해가 될 수 있다. 이 실험은 40년 동안 계속 되고 있지만 실험 결과는 변하지 않았다고 한다.

하지만 인센티브(보상)가 효과를 발휘하는 분야도 있다. 단순하고 반복적이고 창의력이 필요요하지 않은 작업을 할 때는 인센티브가 효과를 발휘한다. 예를 들어 완제품을 포장하는 사람이 있다고 가정해 보자.

하루에 500개 정도를 포장하는 그 사람에게 하루에 700개를 포장하면 보너스로 3만 원을 더 주겠다고 하면, 그 인센티브가 강력한 동기가 되어 700개를 포장한다. 도저히 못할 것 같지만 머리를 쓰지 않고 빠르게 몸을 움직이는 단순 작업일 때는 인센티브가 효과가 있다. 하지만 인지력이나 창의력에 연관된 작업에서는 오히려 역효과가 난다.

우리는 한때 서양의 인센티브 제도를 모든 분야에 적용한 적이 있다. 지금도 많은 기업들이 창의적인 업무를 하는 영업 담당자들에게 당근이랍시고 인센티브를 거는 기업들이 있다. 이번 달 마감까지 얼마의 매출을 달성하면 보너스를 두둑이 주겠다고 한다. 그러나 그런 행동은 오히려 역효과를 낸다.

금전적 보상은 영업 담당자들을 부지런하게 만드는 데는 효과적일 수 있다. 충분한 급여를 지급하면 영업 담당자들은 더 열심히 일할 것이고, 고객과의 상담 건수도 늘리려 할 것이다. 금전적 보상을 동기부여의 도구로 활용해 영업 담당자를 부지런하게 만들 수는 있지만 금전적 보상의 영향력은 거기까지다. 그런데 이러한 경우에도 리스크가 따른다. 고객과의 상담이나 서비스 품질이 저하되는 문제가 발생하기도 하기 때문이다.

아무리 많은 금액을 인센티브로 지급하더라도 영업 담당자를 더 창의적, 더 전략적으로 일하게 만들 수는 없다. 바로 이러한 이유 때문에 금전적 보상은 노력의 양과 관련된 영업에는 효과적일 수 있지만 창의적이거나 전략적으로 접근해야 하는 영업에는 효과가 거의 없다. 거래 금액이 큰 영업이나 전략적 접근이 필요한 B2B 영업의 경우에는 실적에 따라 인센티브를 더 많이 준다고 해서 영업 담당자의 실적이 향상되는 것은 아니다.

결론적으로 말하면, 반복적으로 열심히 일해(Working Hard) 성과가 올라가는 영업은 금전적 보상이 효과적이다. 하지만 전략적으로 일해야(Working Smart) 성과가 나타나는 영업은 실적에 따른 금전적 보상이 효과적이지 않다.

임원 급여 전문 컨설턴트인 마크 호닥(Marc Hodak)은 2006년 S&P (Standard & Poors) 500대 기업에 대한 임원 급여 패키지를 분석하여 우수 사례와 실패 사례를 도출했다. 그 결과는 다음과 같다.

- BSC에 따라 성과 보상을 한 기업은 S&P 평균보다 3.5% 정도 낮게 나타났다. 너무 많은 지표에 집중하다보니 임원들이 어느 것 하나에도 집중

하기 힘들었다.

• 매출 증대 등 특정한 지표에만 보상을 한 경우에는 그 지표가 확실히 개
  선되었다. 그러나 그에 따라 이윤이나 주주가치가 개선되지는 않았다.
  각 개인들은 체계의 허점을 찾으려고 하기 때문에 특정 지표의 목표 달
  성을 위해 다른 지표를 희생하는 경우가 많았다. 예를 들어 이윤감소를
  감수하면서 매출을 증대시키는 행위 등이 그것이다.

• 스톡옵션이나 자사주 보상제(Stock Grant)는 동기부여에 도움이 되지 않
  았다. 임원들의 경우에 주가는 자신의 노력이나 내적인 활동을 통해 높
  일 수 있는 것이 아니라 경기에 의해 좌우된다고 여겼기 때문이다.

요컨대 지표와 목표 달성에 대해 동기부여 차원에서 돈과 주식을 제
공하는 것은 기업에 도움이 되지 않으며 오히려 부작용이 많다. 당신
의 영업은 어떤가? 성과를 내기 위해 열심히 일해야 하는가(Working
Hard)? 전략적으로 일해야 하는가(Working Smart)? 어떻게 보상하는
것이 효과적인가?

Chapter 4

지시적 코칭과 비지시적 코칭을
병행하라

전통적인 코칭은 비지시적인 방법을 강조한다. '코치는 판단하지 않는다', '코치는 중립적 언어를 쓴다'와 같은 기준을 가지고, "어떻게 하는 게 좋겠어?"와 같은 질문을 많이 사용한다. 경청, 질문, 인정 등의 스킬을 중시하는데, 이러한 코칭 스킬을 제대로 사용하기까지는 상당 기간의 훈련과 경험이 필요하다.

그런데 하루하루 긴박하게 돌아가는 영업 조직에서 관리자들에게 이와 같은 비지시적인 코칭은 불편하기 짝이 없다. 숙련도 되지 않은 데다 여건도 맞지 않는다. 차분히 물어보고 상의하고 피드백하기가 현실적으로 어렵다.

경험이 많은 영업 관리자는 영업 담당자가 미로에서 헤매고 있을 때 성공적으로 빠져나올 수 있는 길을 알고 있다. 이때 그는 영업 담당자가 취해야 할 행동을 일러줌으로써 영업 담당자를 성공적인 결말로 신속하게 안내한다. "고객을 상대할 때 어떻게 하는 게 좋을까"라고 묻지 않고 "고객의 눈을 바라보고 이야기해. 고객이 말할 때 다른 곳을 쳐다보지 마!"라고 말한다.

지시적인 코칭으로 영업사원이 갖고 있지 않은 정보나 모르는 사실을 전달하는 것이다. 지시적인 코칭은 특히 위기나 돌발 상황에서 위력을 발휘한다. 즉시 판단해서 행동으로 옮길 수 있기 때문이다.

조직에서 지식이 부족하거나 경험이 없는 신입사원들은 지시적인 코칭에 반응을 잘한다. 그러나 경험이 쌓이고 숙련이 되면 효과가 떨어진다. 그때부터는 비지시적인 코칭을 사용하는 것이 효과적이다. 알만큼 알고 겪을 만큼 겪은 사원들에게는 일방적 지시보다 의견을 묻고 함께 상의하는 비지시적 방식이 적합하다.

영업 관리자의 코칭은 영업 담당자들의 경험과 지식, 의욕과 동기 수준에 따라 지시적 코칭과 비지시적 코칭을 적절히 적용하는 게 중요하다. 영업 담당자의 역량을 개발하고 성과를 내는 데에는 한 가지 정답만 있는 것은 아니기 때문이다.

전문 코치들이 "그렇게 하는 건 코칭이 아닙니다", "코치는 경청을 80%, 말하기를 20% 하는 것이 좋습니다"와 같이 말하는 것을 듣곤 한다. 이처럼 자신들이나 할 수 있는 것들을 영업 관리자들에게 강요하기 때문에 영업 관리자들이 코칭을 거부하는 것이다. 영업 조직에서 성과 코칭은 코칭, 컨설팅, 멘토링, 티칭 등을 아우르는 포괄적인 개념이라는 점을 기억하라.

Chapter 5

강점에 집중하라

사 람들은 자신의 강점보다 약점에 눈을 돌리는 경향이 있다. 영
업 관리자들도 같은 실수를 범하곤 한다. 모두가 약점을 보완
하고 잘못을 바로잡으면 더 크게 성장할 수 있다는 논리에 따른 것이
다. 기업들도 이 논리를 최선으로 받아들여 무엇을 강화하기보다는 무
엇을 개선할 것인가에 집중한다. 실적 평가 미팅 시 개선 계획 리스트
만 잔뜩 들고 나오는 영업사원이 얼마나 많은가? 물론 약점에 집중해도
어느 정도는 실적을 개선할 수도 있다. 그러나 최고의 실적은 강점에서
나온다!

당신이 타고 있는 돛단배에 구멍이 났다고 가정하자. 제일 먼저 할 일은 구멍을 메우는 것이다. 그렇게 하지 않으면 가라앉고 말 것이다. 배의 구멍은 현실에서는 약점이다. 약점을 무시해서는 안 된다. 바로 고쳐야 한다. 구멍을 메워야 살 수 있다. 그런데 구멍을 메우고 나면 더 중요한 일이 놓여 있다. 배를 움직여야 한다. 이때 배를 움직이게 하는 것이 돛(강점)이다. 개인이나 조직도 다르지 않다. 배를 가라앉지 않게 하려면 구멍(약점)에 주의해야 하지만, 배가 순풍을 받아 전진하게 하려면 돛(강점)을 높이 올려야 한다.

전통적인 영업 교육 방식은 저성과자들의 약점을 고치는 데 주력했다. 고성과자의 행동 패턴을 기준으로 한 이런 접근 방식은 오랫동안 교육의 중심이었다. 하지만 그것은 결과적으로 평범한 영업 담당자를 만들었을 뿐이다.

IT 분야에서 B2B 영업을 주로 해오던 D사의 이야기다. 이 회사는 상장 후 투자를 확대하고 영업력을 강화하기 위해 임원 대상 교육 컨설팅을 제공하는 A사와 프로젝트를 진행했다. 영업 분야 컨설팅 경험이 많지 않았던 A사는 D사의 고성과자들과 저성과자들의 차이점을 분석한 후 영업 담당자 매뉴얼을 새로 제작하고, 역량 표준화를 목표로 저성과자들에게 부족한 역량을 중심으로 교육을 실시했다. 그러나 6개월이 지나도 영업 담당자들의 역량은 좀처럼 개선되지 않았고 실적 또한 변함이 없었다. 영업 담당자들은 교육 내용이 현장과 다르고 자신들이 해오던 영업 스타일과도 잘 맞지 않는다고 했다.

고성과자들의 특성을 저성과자들에게 이식하는 것은 문제를 해결하는 방식이 아니다. 우선 접근 방법 자체가 문제다. 고성과자들과 저성과자들의 차이점 비교는 흔히 고성과자들의 우수한 행동보다 저성과자들의 잘못된 행동에 초점을 맞추는 결과를 낳는다. 결국 저성과자들은 영업 성과를 올릴 수 있는 구체적 행동이 아니라 하지 말아야 할 행동을 기억하게 된다. 잘못된 행동만 하지 않으면 나아질 것이라고 믿고 활동한다. 당연히 영업 성과로 연결되지 않는다.

D사의 경우 고성과자들은 상담이 끝난 후 고객에게 전화를 하거나 문자를 보내 감사를 표했다. 그런데 그들만 그렇게 하는 것은 아니었다. 중간 정도의 성과자들도 대부분 그렇게 했다. 다른 점은 영업 프로세스를 진전시키는 후속 작업이었다.

보통의 영업 담당자들이 고객에게 전화를 걸어 감사를 표하거나 상담 내용을 확인하는 정도였다면, 고성과 영업 담당자들은 다음 약속을 잡는 등 프로세스를 진전시키는 작업을 했다. 만약 A사가 고성과자의 강점으로 작용하는 이와 같은 행동에 초점을 맞추어 교육했다면, 저성과자의 행동 개선에 그치지 않고 보다 효과적인 실적 개선을 이루었을 것이다.

여기서 짚고 넘어가야 할 중요한 사실이 하나 더 있다. '고성과자들의 영업 방식은 한 가지일까?'라는 것이다. 같은 업계, 아니 같은 회사에서 뛰어난 성과를 올리는 영업 담당자들을 떠올려 보라. 그들이 모두 동일한 영업 방식을 사용하고 있는가? 아닐 것이다. 그들은 자기만의 영업 방식으로 뛰어난 성과를 올리고 있다.

성과로 직결되는 최고의 영업 방식은 하나가 아니다. 그런데도 많은 회사들이 최고라고 일컬어지는 '한 가지' 방식을 추종한다. 생각해 보라. 그동안 회사에서 때마다 영업 교육 전문가들을 초청하여 교육하고 실행했던 방법들이 실제 성과 향상에 얼마나 효과적이었는가?

영업의 정석이나 고성과자들의 강점에 집중하는 교육은 매우 중요하다. 그러나 더욱 중요한 것은 영업 담당자 각자의 재능과 강점을 살려 자신만의 영업 스타일을 갖게 하는 것이다.

강점과 관련하여 주목할 만한 조사 결과가 있다. 2004년 갤럽이 〈직장설문조사〉(Gallup Workplace Poll)를 통해 1,003명의 미국 직장인들에게 다음의 보기 중 하나를 선택하도록 했다.

- 상사가 나의 약점 또는 부정적인 특성에 집중한다.
- 상사가 나의 강점 또는 긍정적인 특성에 집중한다.
- 상사가 나에게 전혀 관심이 없다.

그런 다음 상사의 행동이 직장에서의 업무 몰입도에 미치는 영향을 3가지 범주, 즉 몰입된(Engaged), 몰입되지 않은(Not Engaged), 적극적 비몰입(Actively Disengaged)으로 나누어 살펴보았다. 그 결과, 상사가 직원들에게 전혀 관심을 보이지 않고 무시하면 적극적 비몰입 인력을 양산한다는 사실이 드러났다. 직원들의 약점이나 부정적 특징에 집중하는 경우가 무관심한 태도를 취하는 경우보다 더 낫다는 결과도 나왔다. 즉, 무관심한 태도에서 부정적인 태도로 전환할 경우 몰입도가 증가하고 적극적 비몰입도는 감소하는 것으로 나타났다.

몰입도를 높이는 가장 효과적인 접근 방식은 직원들의 강점이나 긍정적인 특성에 집중하는 것이었다. 상사가 직원들의 강점에 집중할 경우에는 몰입도가 61%였으며, 약점에 집중할 경우에는 45% 수준이었

〈그림 8-5〉 상사의 접근 방식에 따른 몰입도

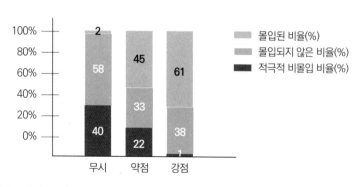

출처 : 갤럽(Gallup), 2004 갤럽 직장설문조사(Gallup Workplace Poll)

다. 또 직원들의 약점에 집중할 때는 적극적 비몰입 비율이 22%였는데, 강점에 집중할 때는 그 비율이 놀랄 정도로 감소했다.

경영의 요체는 강점 관리라고 할 수 있다. '적재적소 배치'라는 말도 직원의 재능과 강점에 따라 적합한 자리에서 역량을 발휘하게 한다는 의미이다. 경영자이자 영업 관리자로서 당신이 알고 있는 영업 담당자들의 강점은 무엇인가? 당신의 조직에는 어떤 약점과 강점이 어떻게 분포되어 있는가? 그것을 어떻게 활용하고 있는가? 약점을 보완하느라 강점 관리에 소홀하지는 않는가?

영업 혁신을 고민하고 몰두하라

아무도 해보지 않은 새로운 것을 시도한다는 것은 사실 쉬운 일이 아니다. 새로운 기준을 만들어낸다는 것은 더더욱 두려운 일이다. 어설픈 벤치마킹이나 과거의 성공 경험은 급변하는 시대에 더 이상 도움이 되지 않는다. 따라서 앞으로 영업 관리자나 임원은 현장의 디테일을 이해하고 전략과 영업 현장을 유기적으로 연결할 수 있어야 한다.

경영학자들이 주장하는 이론이나 선진 기업 CEO들의 성공담조차 이미 과거의 것이다. 영업은 과거가 아니라 현재다. 영업성과, 영업 스킬, 노하우, 교육 프로그램들은 모두 지나간 과거의 것에 불과하다. 물론 과거를 통해 배울 것도 있다. 그러나 정작 필요한 것은 현재 처한 현실과 현장에 필요한 새로운 기준이다. 언제까지 선진 경영 기법의 노예로 살 것인가? 자신이 주체가 되어 현장을 경험하고, 분석한 결과를 토대로, 성장 동력은 어디에서 나오며, 영업성과 요인은 무엇인지 기준을 제시할 수 있어야 한다. 그것이 바로 영업 관리자와 임원

들이 해야 할 일이다.

미래를 내다보는 선견지명은 질문에서 비롯된다. 모두가 대답하려고 할 때, 외롭게 혼자서 질문하는 사람이 영업 조직의 리더가 될 수 있는 자질을 갖춘 사람이다. 과거에는 컨설턴트들의 도움을 받아 선진 기업들이 성공적으로 수행했던 경영 기법들을 벤치마킹하면 그런 대로 성과를 낼 수 있었다. 그러나 지금은 판이 다르다.

우리는 더 이상 과거의 경영 사례나 기법의 노예가 되어서는 안 된다. 현장 경험이 없는 사람들이나 현장과 크나큰 괴리가 있는 환경에서 만들어 놓은 기준을 그저 따라 하는 기준의 수행자가 되어서는 안된다. 시장을 주도해 나갈 수 있는 자신만의 기준과 질서를 창조해야 한다. 이것이 영업혁신이다.

공동저자 **이태헌·김종필**

영업, 전략으로 혁신하라

초판 1쇄 인쇄일 2018년 3월 25일
초판 1쇄 발행일 2018년 3월 30일

지은이 | 김상범·이태헌·김종필
펴낸이 | 김진성
펴낸곳 | 호이테북스

편 집 | 정소연, 허강, 박진영
디자인 | 이은하, 장재승
관 리 | 정보해

출판등록 | 2005년 2월 21일 제2016-000006
주 소 | 경기도 수원시 장안구 팔달로237번길 37, 303호(영화동)
대표전화 | 031) 323-4421
팩 스 | 031) 323-7753
홈페이지 | www.heute.co.kr
전자우편 | kjs9653@hotmail.com

값 14,000원
ISBN 978-89-93132-58-8 93320